88歳大女将、連日満室への道

集客10倍！ バリアフリー観光はここまで来た

津田令子＋編集部 著
中村元 協力

タブレット

1：貴重な木造三階建ての旅館（ＪＲ伊勢市駅から徒歩２分)。２：バリアフリー改修後、新たに掲げたケヤキの一枚板看板。３：「神楽の間」（ＵＤルーム）から眺める中庭。

4：車椅子の方も利用できるUDルーム。2部屋の客室を改装。5：寝心地の良い特注のふとんでお待ちしています。

6：伊勢春慶（漆塗り）のオブジェに季節の緑を飾ってリラックス。
7：畳の部屋から見た洋間スペース。

8：車椅子の転換もラクラクできるトイレ空間。9：UDルームには座ったまま利用できるミストシャワー完備。

10-13：改修前の写真を飾り、玄関のスロープ、車椅子のまま利用できる和モダンな洗面台、そして会議も食事もできる多目的ルームなどを判りやすく説明（内覧会当時）。

14：モニターツアーのご夫婦も宿から徒歩７分にある外宮さんへ上山支配人がご案内(2011.12.27)。15：外宮参道にある「菊一文字」は刃物や伊勢グッズなどを販売するお店で日の出旅館と並ぶ老舗。

17：お客さまから届けられたお花。18：大女将　岡田志づさんは、今年の７月で９２歳。

16：満室の夜は玄関の照明を少なくします。

88歳大女将、連日満室への道　集客10倍！バリアフリー観光はここまで来た――もくじ

第三章　パーソナルバリアフリー基準　105

第四章　社会は人がつくる　195

あとがき　235

序

「ありがとうございます。日の出旅館でございます」と電話の向こうで優しい声がしました。電話での予約は相手の顔が見えないので、ちょっと緊張するのです。第一印象は「良い感じ」です。

お目当ての「神楽」の間は、生憎第一希望の金曜日は、すでにふさがっていました。第二希望の水曜日、なんとか予約できました。元気だけれど、ちょっと足腰に自信のない母と一緒であることを告げると「気をつけてお越しください」と。

母は八二歳。旅に出れば、観光地を歩き回ったり階段の上り下りは当たり前。少しでもラクに楽しい旅をと願う母は、今回のUDルームのある「日の出旅館」に泊まることを心待ちにしていました。

母は、私が年寄り扱いすることが大嫌い、しかも杖が嫌いです。どこへでもスタス夕と一人で歩くのですが、家にいるのとは違い要領がわからない旅の宿は、できるだけ居心地良く過ごせたらと願っているのです。

伊勢市駅の改札口をでて、左側をみるとすぐに日の出旅館の看板がみえました。歩いて一分ほどの距離です。荷物を置いて一休みもできるし、そのままお伊勢さんにお参りしに行く人が多いと聞いています。チェックインは一五時ですが、ちょっと早くに着いてしまったのでアーリーチェックインを行いました。

駅から見ると小さな神社の正面に、木造三階建ての日の出旅館は建っています。大きなガラスドアを引いて中に入れば、木のぬくもりを感じる玄関。左側にはスロープと下駄箱になっていますから、車イスの方でも片手で簡単に脱いだりスリッパを履いたりすることができそうです。

正面右側は、談話室でしょうか、解放された板の間があります。観光パンフレットなど多くの情報が得られるようになっているため、これから出かけようとする私たちにはうってつけです。

女将が「ようこそ、いらっしゃいました」と出迎えてくれました。「準備中で薄暗いですので気を付けてください」と、館内の説明をしていただきながら、神楽の間に通していただきました。

神楽の間に入れば、広い板の間の向こうから畳の香りがただよってきました。ホワイトとダークブラウンで統一された和のぬくもりいっぱいの高級感に大満足。すべてのドアは横引きで、広々とした解放感のある印象です。車イスの方も楽々通れるでしょう。

正面奥には腰掛けにちょうどいい高さの畳の間。車イスから畳の部屋へスムースに移乗できる高さなのだそうです。

お布団はこの畳の間に敷かれます。後ほど敷かれたお布団には、上質なふわっと軽い羽毛の布団が掛かっていました。普段、枕が変わるとなかなか寝付けない母も、次の日の朝にぐっすり眠れたと満足していました。

部屋の片側は小さな中庭に面していて、畳の部屋からも、四人掛けのテーブル席からも眺められ、ちょっと隠れ家風なのがまた落ち着きます。

部屋の左側に水回りがあり、お手洗いに入ると、正面の奥には、全身を温めるミストシャワーのシャワールームも付いています。大浴場に行くのが困難、または面倒なときはシャワーで汗を流せるので気持ちよく過ごせます。

日の出旅館の特徴は「泊食分離」です。夕食は近所にたくさんある食事処でいただき、宿泊は、朝食付きか素泊まりかを選ぶことができます。母と二人の夕食は、日の出旅館お手製の「おすすめのお食事処マップ」をみながらまちをブラブラし、旅館からほど近い「オステリア・ラブラ」でイタリアンピザにしました。

朝食は、お部屋のテーブル席で食べられますので、足腰が悪い人でも正座が苦手な人でも、もちろん車イスの方でも大丈夫です。翌朝、神楽の間に運んでいただいた朝食は、とても家庭的な、まさしく朝ご飯でした。とくに大女将が漬けた、ちょっとしょっぱい梅干しの味は忘れられません。

こんなに素敵な「神楽」（ＵＤルーム）ですが、二人で泊まった場合の宿泊料金は、平日の朝食付きで、一人九三〇〇円ととてもリーズナブルです。

帰り際、小さなお婆ちゃんから、「またきて下さい、おたっしゃで」とご挨拶いただきました。こちらが有名な大女将！　九二歳の大女将にお会いし、「元気をもらった。ちっちゃい大女将にあやからなくっちゃ」と、来た時よりも、ほんの少し背筋が伸びているようにみえる母でした。

時は過ぎ、私にとって二回目の日の出旅館訪問は、本の取材となりました。

第一章　伊勢で一番ちっちゃい女将は日の出旅館の大女将やで～

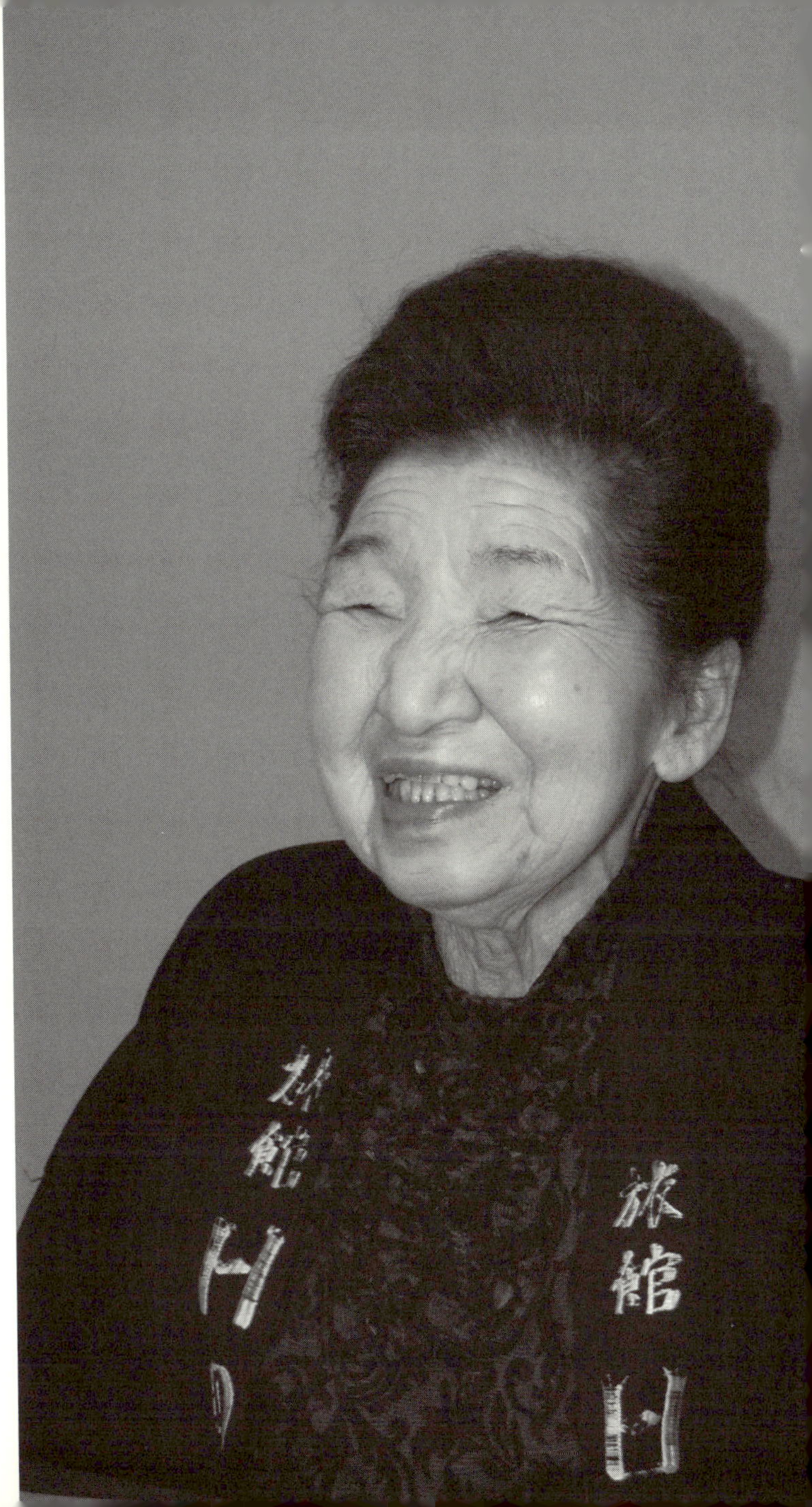

廃業寸前から、生まれ変わった三重県伊勢市の「日の出旅館」

一千万円の改修で、倍々で増えたお客さま

二年で宿泊客数が一〇倍に！

「空室有ります」から連夜の「満員御礼」へ！

廃業寸前旅館から一転、超繁盛旅館に！

駅前のビジネス旅館からＵＤルームのある人に優しいリゾート旅館に！

みなさん、この事実を、すぐに受け入れられますか。こんなことが、できるはずない。と疑いたくなりませんか。式年遷宮のおかげだろうと思う方もいらっしゃるでしょう。

でも、この真実を受け入れて下さい。式年遷宮の一年前に、この奇跡は起こったのです。廃業寸前の旅館がバリアフリー対応で、奇跡の一〇倍増客を成し遂げたヒミツを証します。

一の一、　九二歳、ちっちゃい大女将

　二〇一五年二月某日、まだうす暗い朝六時の時報とともに今年九二歳になる岡田志づさんの一日が始まります。小さな身体をしゃきしゃきと動かせて洗顔したら、六時半に「おはよう」といいながら女将、岡田麻沙《あさ さ》さんの待つ厨房に入ってきます。そして、五〇〇メートルほど先にある伊勢神宮外宮の方にむかって手をあわせます。

「おたいら、お伊勢さんのお蔭で生かしてもろとるみたいなもんやでなぁ。毎朝お礼言わんといちんち（一日）が始まらんのですわ」

　志づさんが「お伊勢さん」と親しみを込めて呼ぶのは、伊勢神宮の通称「外宮」豊受大神宮。日の出旅館は伊勢市駅から外宮参道への入口付近にある、木造三階建ての小さな旅館。そして志づさんは、その旅館の大女将なのです。

　志づさんの言葉にあるように、日の出旅館のある三重県伊勢市は、伊勢神宮への「お伊勢参り」によって、日本全国からの参拝人で賑わう観光都市です。その歴史は江戸時代「おかげ参り」にまでさかのぼり、最盛期には人口が三千万人ほどしかいな

[上] 第60回式年遷宮（1973年）。大女将、3回目の御遷宮。揃いの衣裳で伊勢音頭を踊る。

[下] 第62回式年遷宮（2013年）。大女将、5回目の御遷宮を迎え、娘順子さんと外宮へお白石奉納。左から石川順子（大女将の娘）さん、大女将岡田志づさん、参議院議員吉川ゆうみさん。

かった時代に、年間四〇〇万人を越える参拝客が訪れたと伝えられています。それゆえに、おかげ参り（お伊勢参り）こそが日本の観光の始まりとも言われています。

時代を超えた今も、お伊勢参りは日本人の心の旅です。とりわけ二〇年に一度行われる伊勢神宮本殿のお引っ越し「式年遷宮」の時には、参拝客や観光客が例年の二倍にも膨れ上がります。伊勢市の観光事業にたずさわるみなさんにとって、伊勢神宮とは本当に「お伊勢さんのおかげで生かしてもろてる」という存在なのです。

志づさんは、そのようにして毎朝のお伊勢さんへの遙拝を済ませると、お味噌汁とお漬物と佃煮の朝ご飯をいただきます。朝一〇時、次々と宿泊客が旅立ちます。志づさんは、一人ひとりに、小さな身体を丸めるようにしてお辞儀をし、笑顔で声をかけてお見送りします「お気をつけて」「ええ天気になりますように」。

お客さまもみなさん笑顔です。小さな子どもは志づさんからもらった駄菓子屋のおもちゃに大喜びです。驚いたことに、志づさんをご存知のお客さまが何組もいらっしゃるのです。「あ、大女将だ！」志づさんに気付くと、握手を求めたり、一緒に写真を撮ったりしています。そんなお客さまたちに、志づさんの笑顔はさらに弾けた笑顔になります。

　お客さまのお見送りが終わると、志づさんはパーマ屋さんへと出かけます。そう、大女将ですから、日々の身だしなみは欠かすことができないのです。

　ちっちゃい大女将の輝く笑顔。志づさんにこの笑顔が花咲くようになったのは、式年遷宮による増客が始まる一年以上も前、大女将が八八歳の大決断をして改修が完成した、二〇一一年春の頃です。


「遠いところからようこそお越しくださいました」

　私が日の出旅館にうかがうと、法被姿の大女将、岡田志づさんが笑顔で出迎えてくれました。ご両親が切り盛りしていたのを三〇才で若女将となり四七歳で女将になり引き継いだと志づさんはいいます。


「二〇年に一度の式年遷宮を五回も参加させてもらいましたもんやでな、お伊勢さんの門前で伊勢の駅前やうちの盛衰をも見さしてもらいましたんですわ」

長い歴史の中で、ともすれば内宮に集まりがちになった観光客の流れを、外宮に出来た博物館「せんぐう館」の開館やJR伊勢市駅前の整備などによって取り戻しました。長い外宮参道の歴史を知り尽くした大女将は、「ここんところ、こちらにも勢いがでてきましたやろ？　それがほんまに嬉しいんですんさ」と満面の笑みを浮かべています。

それでも二〇年前の式年遷宮以降、いくら頑張っても一向に売り上げは上がらず赤字に陥り嘆く日々でした。志づさんは、日々解決策を探していたのですが、アドバイスを求めたある偉い方に、「中途半端に古いからよくない。古いなら徹底的に古い方がいい。中途半端に新しいからよくない」などと言われるしまつ。そんなことを言われても、なんの解決にもなりません。

一の二、　廃業寸前だった日の出旅館

一九二三年（大正一二年）、志づさんは外宮参道の土産物屋の娘さんとして産声を

あげました。土産物屋の主人であった志づさんのお父さんは、第五八回遷宮が行われた一九二九年（昭和四年）に、伊勢市駅から歩いて二分という至極便利な駅前旅館・日の出旅館（当時は日の出館）を開業しました。日の出旅館はその後、第二次世界大戦で全焼しましたが、終戦後一九四九年（昭和二四年）に旅館業を再開します。

志づさんはその後、一九五三年（昭和二八年）には第五九回式年遷宮、一九七三年（昭和四八年）には第六〇回、一九九三年（平成五年）には第六一回、そして一昨年の第六二回と五回もの式年遷宮を経験されています。

日の出旅館は、国鉄近鉄の伊勢市駅前にある、伊勢神宮にも直近の旅館として旅人を迎えてきました。伊勢市内の老舗旅館としての歴史の中には、昭和の大横綱柏戸、劇団民藝の俳優たち、仲代達也、歌手の舟木一夫などが宿泊されたこともあったそうです。

伊勢神宮への参拝のためにお金を積み立てる「伊勢講」は今も存在しますが、その全盛期には連日お客さまでごったがえしたそうです。その面影も、つい最近まで日の出旅館で見ることができたそうです。

［上］終戦後に再開した日の出旅館（当時は日の出館）。

［下］第 58 回式年遷宮（1929 年）奉献車の前で父親と記念撮影する大女将。初めての遷宮体験。

奈良大学が、実験歴史学の試みで「宝来講」の講札を掛け、江戸時代に急速に広まった庶民の旅「お伊勢参り」をなるべく忠実に復元してみようと再現していたのです。わらじづくりから、古道の探索、旅姿や道中の宿泊や休憩のあり方なども研究するのですから、とうぜん交通手段は徒歩です。奈良大学から伊勢内宮まで約一四〇㎞を、四泊五日の旅程に組み上げていたそうです。その折りに投宿していたのが日の出旅館でした。日の出旅館では、一行に足を洗ってもらうためのお湯をたらいにためて迎えたそうです。

このように伊勢市は、伊勢神宮への参拝者を全国各地から迎え入れてきたまちです。その参拝者の数は現代も衰えを知らず、内宮外宮の合計で、例年では年間七〇〇万人前後の人々がお参りし、一昨年の式年遷宮で年間一四二〇万人という史上最高の参拝者数を記録しました。

しかし、残念なことに、その参拝客で伊勢市の誰もが恩恵を享受できるというわけではありません。伊勢市の宿泊施設においては大きな問題がありました。鉄道や道路の交通網が、伊勢より先の鳥羽や志摩に発達するにつれて、宿泊客の多くが鳥羽や志摩に流れはじめたのです。あれよという間に、鳥羽、志摩には新しい立派な旅館やホテルが増えていきました。そうなるともう市街地の古いタイプの旅館では太刀打ちできません。一気に宿泊客は減少し、旅館の数は半減してしまいました。

それに輪を掛けて、日の出旅館のある外宮界隈には頭の痛いことがありました。かつては内宮と外宮の参拝客はほぼ同じ人数だったのですが、車社会になってきてから

花も恥じらう10代後半花嫁修業のひとつとしてしおらしく花を生ける。

「宝来講」の講札を眺め奈良大学の学長さん達のことを懐かしみ語る。

は、駅前の外宮よりも駐車場の大きな内宮への集中が始まり、その分、外宮の参拝客はどんどん減っていったのです。最近では外宮の参拝者数は内宮の半分以下にまで落ち込んでいました。外宮界隈にとってはダブルパンチです。

そのせいで、外宮参道はかつて、大きな旅館の並ぶ賑わいのある道だったのですが、今ではその面影はありません。最盛期に二五軒ぐらいあった外宮参道の旅館は、前回の第六一回式年遷宮を待たずして、昭和の終わりに次々と移転したり廃業したりしました。三年前には日の出旅館を含め宿泊施設は五軒ぐらいが営業を続けているような状況になっていたのです。

そんな中、日の出旅館はもう、老舗と呼ぶには厳しい、ただの古い旅館になっていたと言います。築六六年木造三階建てという珍しさは、木造の暖かみや風情よりも、廊下がキィキィと鳴り、すきま風が入ることばかりが目立ち、トイレは男女共用の上に和式が中心。常勤しているのは八八歳の大女将が一人。お客さんがあるときだけお手伝いが入るような状況ですから、夕食は提供できません。修繕や掃除も行き届かず、お客さまはますます離れるばかりでした。

一組の宿泊があればいい方で、数日お客さん0《ゼロ》の日が続くこともあり、儲けることよりも、いかにわずかな収益で生き長らえるかを目標にするような日々。第六二回式年遷宮を二年後に控えて、さてどうしたものか。打つ手もなく、さりとて助けてくれる人もおらず、「もう、しょぼんてしとりましたんや」と、大女将の志づさんは言います。

志づさんの長女と次男は家を出てそれぞれ所帯を持っています。日の出旅館を継いで欲しいと思っていた、亡くなった長男の一人娘岡田麻沙《あさ さ》さんは、どうやら旅館に見切りを付けたらしく、独り立ちしてしまい商売をしていました。

志づさんは、お客さんのいないがらんとした玄関を眺めては、いつか来る廃業のことを考えていらっしゃいました。

そんな志づさんを、ずっと見守ってきた人がいます。石川順子さん、伊勢市内に嫁いでいる志づさんの長女です。順子さんは、第2章で出てくる「伊勢志摩再生プロジェクト」の委員長も務められていた人物で、そのときの中村元さんとの縁もあり、お母さんをバリアフリー観光向上事業の勉強会に連れ出したのです。

一の三、　決断のきっかけは、元さんの講演や～

式年遷宮をひかえて、伊勢市駅前の整備計画も少しずつ進んできているのを見て、志づさんは「だんだん綺麗になってきたなあ。これからは、外宮さんの時代がやってくる」と直感したそうです。そんなときに市内に嫁いだ娘の順子さんに誘われて出かけたのが、「伊勢市バリアフリー観光向上事業」の勉強会でした。

「伊勢市バリアフリー観光向上事業」とは、伊勢市が第六二回式年遷宮を前に取り組んだ、旅館やホテルのバリアフリー化のための補助事業です。

伊勢志摩地域（伊勢市、鳥羽市、志摩市）は当時すでに日本一のバリアフリー観光地として全国に知られ、それによる増客の効果もはっきりと現れていました。バリアフリー観光に専門的に対応する日本初のシステム「伊勢志摩バリアフリーツアーセンター」が一〇年も前から活躍していたからです。

ミキモト真珠島や志摩スペイン村など観光施設は全てバリアフリーであることはもちろん、近鉄特急のユニバーサルデザインは進み、伊勢と鳥羽を巡回する観光用の定期バスにも低床バスが導入されています。車イスをどこでも借りて返せる「どこでもチェア（車イス）」が日本で初めて運用されたのは鳥羽です。

一方伊勢でも、神宮の門前町のお店の入り口はほとんどがバリアフリー。いたるところに車イス対応の公衆トイレがあり、さらに伊勢神宮の中では、玉砂利の参道も楽々進める特別仕様の車イスが無料貸し出しされています。

しかし、宿泊施設のバリアフリー対応に関しては、伊勢は大きく遅れをとっていました。お隣の鳥羽や志摩には積極的にバリアフリー化を図る旅館が多くあったのに比べて、伊勢市にはバリアフリー対応をしている宿泊施設が少なく、特に旅館においては二見地域の一軒だけでした。時代の流れで、鳥羽や志摩に宿泊客を奪われた伊勢には、少ない宿泊者でやりくりしている古い宿が多いので、バリアフリー化のちょっとした改修にも資金がないという事情があったからです。

そこで伊勢市は、二〇一三年の式年遷宮を前にした、二〇一一年と二〇一二年で、旅館やホテルなどのバリアフリー対応を促進するために、改修費の半額を負担するという補助制度に取り組んだというわけです。

伊勢市はこのバリアフリー観光向上事業の推進にあたって、事業の実施とアドバイスなどを、専門家であるNPO伊勢志摩バリアフリーツアーセンターに委託していました。伊勢志摩バリアフリーツアーセンターの行った最初の仕掛けが、順子さんが志づさんを誘って参加した勉強会だったのです。

勉強会の当日、志づさんの内心は、「なんとか寝やんようにせなあかんなぁ」と思いながらの参加でした。勉強会のメインは、伊勢志摩バリアフリーツアーセンターと日本バリアフリー観光推進機構の理事長を務める中村元さんの講演です。

一番前の席に座ることになってしまい居睡りするわけにもいかず「困ったことになったわ」と思いながら聴きはじめました。ところが何分もたたないうちに目から鱗の中村さんの話に目をギラギラと輝かせ頷き、おもわず聞き入ってしまったのです。

「今まで聴いた講演とはな、ぜんぜん違いましたんやわ」

今高齢者がとても増えていること。その高齢者の多くが、若かった頃のような旅行ができず、バリアフリーな宿泊施設を求めているという話。……志づさん本人が八八歳ですから「そのとおりやわ！」と思ったと言います。

バリアフリー観光は宿を病院のようにするのではなくて、たくさんの人に旅行や宿を楽しんでもらうということ。安心できて、気持ちよく泊まれる宿にしか、これからはだれも泊まらなくなるという話。……志づさんは「なるほどそりゃそうや」と思いました。

宿は、いろんなタイプの人を狙っていたらぜったいにみんなから文句が出る。こんなお客さまに来てもらいたいと考えてつくれば、自動的に満足する客だけが来てくれるということ。……「もしかしたら、ひなびた木造の家にも、満足してくれるお客さまが来てくれるんやろか？」と志づさんはワクワクしはじめました。

志づさんは、勉強会から帰るとその場で、娘の順子さんに宣言したそうです。

「おたい、やるわ！」　えっ！　やるってなにを？　と尋ねた順子さん。

「何をって、バリアフリーやがな」

これには勉強会に誘った張本人の順子さんも驚いたそうです。かつて順子さんが委員長をしていた伊勢志摩再生プロジェクトの中で、中村さんが立ち上げた伊勢志摩バリアフリーツアーセンター。その中村さんの講演だったので、ちょっと元気がでるかもわからんしと思って連れて行っただけなのに。

元気が出るどころか、志づさんの決断と実行力は順子さんも驚くほどのものでした。

「お客さんに喜んでもらえるんやったら、ほらええことやな！　って思たんですんやわ」

その思いを形にしてみようとの決断でした。

廃業寸前と思われていた日の出旅館が、この事業に早速手を挙げたことは、他の宿泊施設にとっても驚きでした。日の出旅館がやったのだからうちもやろうということになり他の施設でも前向きな検討がはじまりました。

この早い決断にホッとしたのは伊勢市でしょう。予算を組んでいる訳ですから「よく手をあげてくれました」という気持ちはあるはずです。どなたも手を挙げようとしない。ということだってあり得たはずです。半分出してくれるとはいえ、もう半分は自分で工面しなければならないのですから。志づさんは、協力してくれた宿ということでお礼までいわれたのだそうです。行政と民間のコラボレーションで伊勢市外宮界隈は、にわかに活気づきました。

伊勢市役所の担当の上村静香さん（当時）は、「日の出旅館さんには、とても早いタイミングで、手を挙げていただきました。」とおっしゃいながら山ほどの資料を見せて下さいました。上村さんは、二〇一三年に行われた「第三回バリアフリー観光全国フォーラム伊勢大会」で、伊勢市バリアフリー向上事業の成功事例を発表されたご本人です。「伊勢市バリアフリー観光向上事業を、しっかり結果が残る事業にしたい」という思いを人一倍強くお持ちです。

その資料を見ると、他の市ではおそらく、ここまで細かく書かれていないだろうと思うほど、チェック項目が多いのに驚きます。改修の工事費を銀行借り入れするための資料までありました。また、伊勢志摩バリアフリーツアーセンターがよくやってくれたと、NPOとの協働の成果であったことを強調されます。

つまり、ただ補助金を出す側として構えるのではなく、その補助金が最も生きる方法のために、さまざまな努力を惜しまない姿勢がすごいのです。

志づさんの娘順子さんは、「市役所の上村さんと、伊勢志摩バリアフリーツアーセンターの野口事務局長のコンビが抜群やったから、ここまでスムーズにできたんやと思いますよ」とおっしゃいます。

そうです。伊勢市は、思いつきや補助金のばらまきでバリアフリーのまち宣言を謳っているのではないのです。言葉だけのおもてなしのまち宣言や、一律のバリアフリー改修を義務づけて補助するのではありません、親身になって相談にのってくれる窓口が存在するのです。その窓口が伊勢志摩バリアフリーツアーセンターです。伊勢市が伊勢志摩バリアフリーツアーセンターを上手に使うことができたことは、伊勢市のNPOへの理解が、全国でもずば抜けているということの証明だと思えるのです。

バリアフリー観光向上事業の勉強会には、大勢の同業者が聞きに来ていました。志づさんは、そのなかで一番最初に工事をやるという意思表示をしたのは私だと、強調されます。

「まるきり最初から全部お金工面せなあかんとなったら、やめとこか……てなりますけどな。おたくさんらでも半分は出してもらえるんやって言われたら、してみよかいな……て思いますやろ?」とおっしゃる志づさん。

市による補助金があったということも、改修工事を後押ししてくれたけれど、何といっても経験に基づく中村理事長の話に心を揺り動かされたといいます。中村元さんの話を聞いていなければ? と尋ねると、「そんなんようしませんわなあ。分からんもん」と断言されました。

さあ、ここから、駅前のタイムスリップしたかのような日の出旅館の新しい物語が始まります。好立地にあっても、建物は老朽化しお客さまのニーズにあった旅館とは言い難く、一カ月の売り上げが三〇万円を切ることもあった日の出旅館でした。中村理事長との運命的な出会いをきっかけに、大女将が一念発起し、ユニバーサルルームをひと部屋設けたことで一カ月に三〇〇万円以上の売り上げを上げるまでの繁盛旅館になるのです。

一の四、　大女将の大決断

バリアフリー観光向上事業に採択された日の出旅館には、採択が決まった直後から、中村さんと伊勢志摩バリアフリーツアーセンターからのアドバイスが始まりました。まず、宿泊客のターゲットを絞ることでした。

そんなこと今まで考えたこともありませんでしたが、伊勢志摩バリアフリーツアーセンターのスタッフも一緒になって考えてくれました。古い木造旅館ですから、高齢の方々なら落ち着いていいと言ってくれるかもしれません。駅と外宮に近くて、いずれも徒歩で行ける距離なのは強みです。

そこでターゲットは、『神宮参拝の歩行困難な高齢者。杖や、介助者がいる車イス利用の夫婦や家族』としました。

この条件を基にして、伊勢志摩バリアフリーツアーセンターが開発した「パーソナルバリアフリー基準」による改修アドバイスが始まります。障がい者や高齢者のお客さまのことを知り尽くした伊勢志摩バリアフリーツアーセンターのアドバイスは的確で、お客さま目線であるのは当然なのですが、できるだけ低予算で、しかし一般の利用者にも喜ばれるものにしなくてはならないという姿勢が、旅館にとってはありがたいのです。

しかしここで、志づさんに大決断が迫られました。それは、ＵＤルーム（ユニバーサルデザインルーム）をつくることでした。中村理事長から、今までほとんど使われていなかった古い和室二室と廊下も潰して、特別室としても使える高級なＵＤルーム一部屋へ改装しようという提案があったのです。

それをセンターが具体化した提案は、旅館の改修工事としてはかなりリーズナブルではあるものの、他の場所のバリアフリー化と合わせると、軽く一千万円を越えていたのです。

伊勢市の補助金は、工事費の半額、ただし上限四〇〇万円です。日の出旅館の自己負担は予算をはるかに上回って六〇〇万円を越える額になってしまったのです。志づさんはここで躊躇することなく自己負担を決断しました。

六〇〇万円の自己負担は志づさんのなけなしの個人預金をはたいて捻出することにしました。でもそんな自己負担、一人で旅館を切り盛りしてきた大女将にとって、我が子の将来を思う母親の気持ちそのものでした。

こうして日の出旅館のリニューアル工事は始まりました。車イスのお客さま、足の悪い高齢者の方でも宿泊いただけるように玄関にスロープを設置し、館内の廊下の段差をなくし、男女共同だったパブリックトイレを男女別の多目的トイレに変え、洗面所を車イスでも使える美しいスタイルにしたら、パブリックスペースは見違えるようになりました。

そして、出来上がったUDルームは、その名も「神楽」。和室二室を繋げ、廊下の壁を取り払い、一五畳の広さの和洋室一室を新たに造りました。木のぬくもりを感じる床の一角に、布団が敷ける高さ四〇センチの小上がり式の六畳の和風スペースを設け、車イスから楽に移乗できるようにもしました。

あえてベッドをおかずに、畳の小上がりに布団を敷くという和の空間の演出は、健常者の方はもちろんのこと、旅を楽しみに来られた障がい者や高齢者のみなさんにも受け入れられています。おかげで料金が他の部屋より高いにもかかわらず、ＵＤルームから予約が埋まるという現象を生み出しました。

さて、ようやくバリアフリー改修が完成するという二〇一一年一二月、大女将の志づさんがした大決断がもう一つあります。娘の順子さんからの提案で、生まれ変わった日の出旅館にふさわしい支配人を置くということでした。今までは売上げが三〇万円に届かない月がいくらでもあった旅館です。常勤の人を雇うなど考えることもできませんでしたが、志づさんは支配人の導入を決断したのです。まだお客さまが増えるかどうかも分からない時期の大決断でした。

順子さんの手配で、かつて湯布院の超有名旅館でも働いていたことがある専門家、上山貫二さんが二年の契約で支配人を引き受けてくれることになりました。上山支配人は、旅館運営についての経験も知識も十分に満足できる青年でしたが、バリアフリー観光は初めてです。さっそく伊勢志摩バリアフリーツアーセンターのスタッフの

[上] 寝心地が“とてもいい!!”とお客様に評判な伊勢の「眠り屋」ヒラマツさんこだわりのふとん使用のＵＤルーム。

[下] 伊勢志摩バリアフリーツアーセンターでＵＤルームにご宿泊頂いたご夫婦におもてなしをする上山支配人（当時）。

面々がやってきて、バリアフリー観光のイロハ、障がい者や高齢者への接し方などのレクチャーが始まりました。

一の五、　一気に一〇倍になった集客

この頃、伊勢志摩バリアフリーツアーセンターの中村理事長には、大きなプレッシャーがかかっていました。大女将の決断に対しての責任感です。そろそろ、次の段階のアドバイスに移る時だと考えました。メディア戦略です。

とくに、伊勢市バリアフリー観光向上事業において、最も大規模なUDルーム設置を行い、一番最初に完成する日の出旅館に関してのメディア戦略は、日の出旅館の将来だけでなく、バリアフリー観光向上事業の成功においても重要です。

二〇一一年一二月二七日をマスコミにお披露目する日と決めました。中村理事長が書いたという、その時のニュースリリースのリードがこれです。

伊勢市「バリアフリー観光向上事業」による改修に一二月二七日宿泊第一号。築六二年の木造旅館に、旧伊勢市の旅館では初のＵＤルーム。障がいのある夫婦を、新しい「参拝介助サービス」で迎えます

なんと！　お披露目というだけでなく、ＵＤルームへの宿泊者も仕込んであるのです。本文によれば、顔出し名前出しＯＫの、ご主人が車イスの老夫婦とあります。記事だけでなく、写真もできればカラーで必要、テレビも駆けつけなくてはならないシチュエーションにされています。

そして、注目は、『障がいのある夫婦を、新しい「参拝介助サービス」で迎えます』です。中村さんは、このバリアフリー観光で、日の出旅館の外宮に近いという魅力を出したくて、このサービスを考えたのだそうです。ＵＤルームに宿泊の車イスユーザーには、外宮参拝の介助もするというサービスを付ければ、メディアに取り上げられやすくなるし、旅館の便利さを一般的にも知らせられるという考えでした。この作戦は当たり、今までに何度も、雑誌の特集やテレビで紹介がされています。

［上］2011 年年末に完成したバリアフリー改修後の内覧会。

［中］内覧会当日。実際に車イスの方を、玄関で出迎える女将。

［下］UDルーム「神楽」で。車イスのまま移動し、そのまま使用できる洗面台。

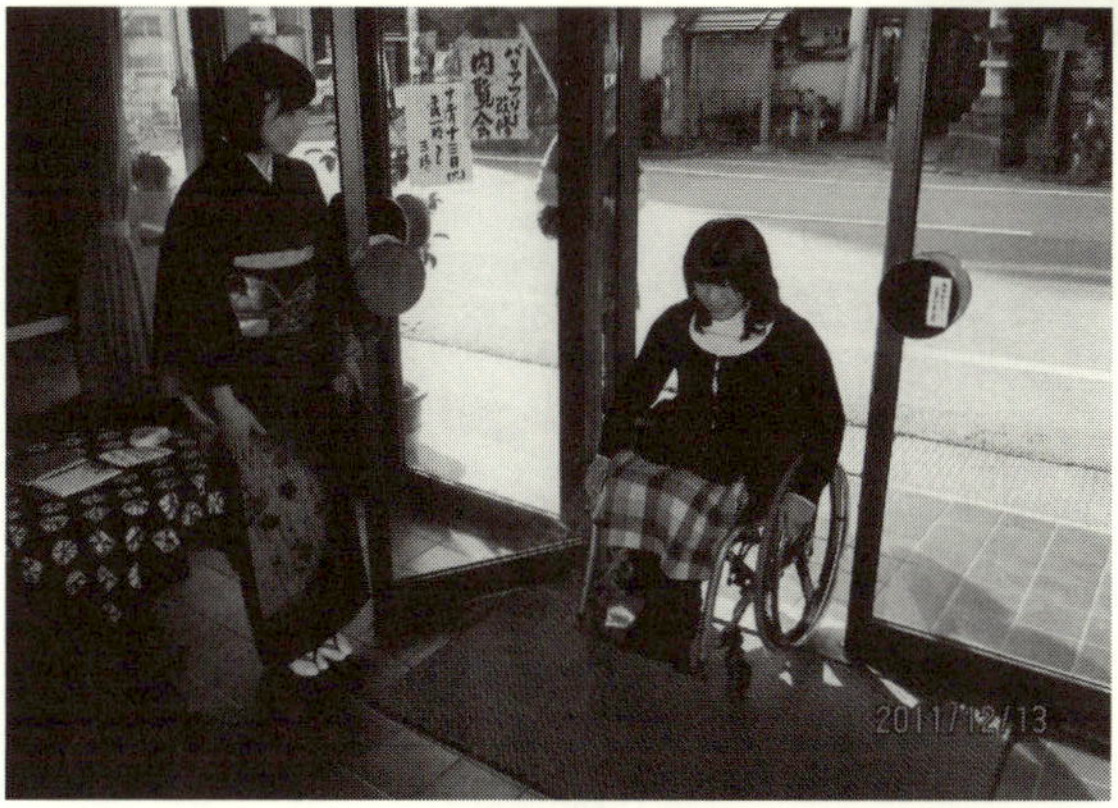

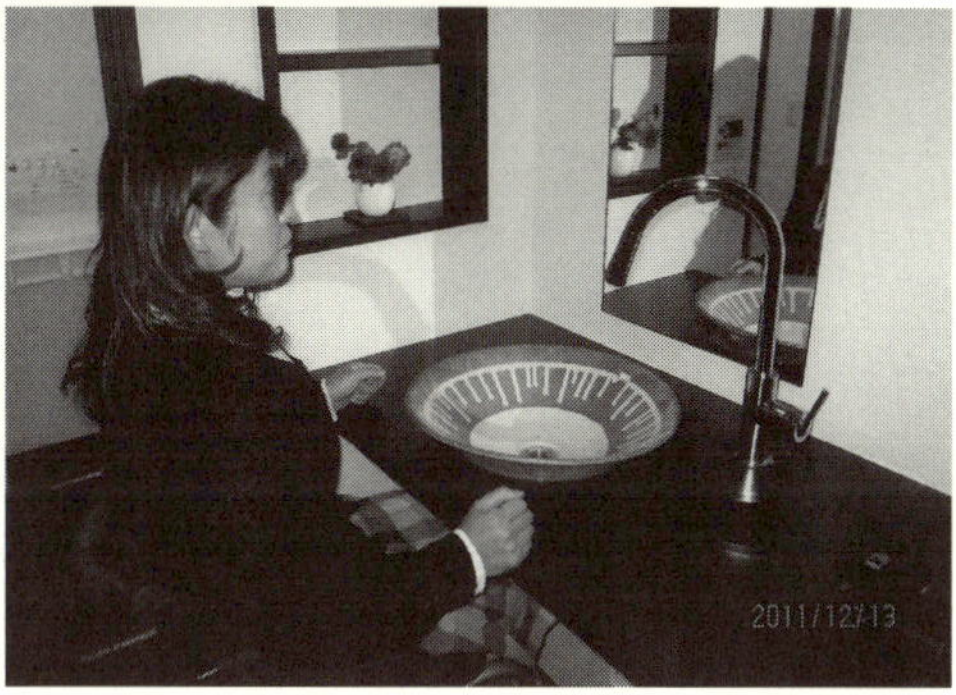

リード以外にもう一つ目に止まりやすい文章がありました。

『将来の廃業も視野に入れていた旅館でしたが、伊勢市「バリアフリー観光向上事業」による勉強会に、女将：岡田志づさん（八八歳）が参加したことから、大改修への道が始まりました』

古い旅館にUDルームという話題だけでも、最初はメディアも扱ってくれるでしょうが、それ以降もずっと話題につかえるのは、「八八歳の大女将の決断」というドラマ、絵になるおばあちゃんだし、このネタを使わない手はないと、中村理事長は考えていたのだそうです。

このメディア戦略ですが、中村理事長は本業の水族館プロデューサーではプロモーションのプロです。鳥羽水族館時代には水族館動物園で初となる広報担当部署を開設し、今は全国の水族館のメディア露出を操っているような人です。

このようにして、伊勢市による補助事業、伊勢志摩バリアフリーツアーセンターによる立派なUDルーム、新しい人材による支配人、完璧なメディア戦略と、大きな風をはらんだ日の出旅館は、すぐに集客の効果を現しました。

翌年の一月には、いつものお正月を上回る予約があり、それはすぐに前年比二倍にまで増えました。それからの前年比は月を追う毎に、三倍、四倍、五倍と面白いように伸びて、二年目にはついに、集客も売上げも以前の一〇倍という驚くべき数字に達したのです。

志づさんは「遷宮終わったから、少し落ちるか分からんけど。お客さんの気持ちに応えて行かなあかんのや」と、おっしゃっていますが、すでに式年遷宮から一年以上が過ぎています。ところが、伊勢志摩の多くの宿泊施設が集客をガタンと落としている中にあって、日の出旅館の勢いはまだ衰えることなく、今も予約の取りにくい宿なのです。

ここまでお客さまが増えるとは考えてもいなかったと大女将はいいます。

「最初はな、お年寄りの方や足腰の弱った人が、月に二〜三人来てくれればええと思っとった」ところが実際は、全く違っていました。若い人、カップル、熟年のご夫婦、など老若男女問わずさまざまな年齢層の方々から予約が殺到したのです。いい意味で予想を裏切ったのです。

ユニバーサルデザインは、設計の段階から多くの方に使いやすいものを作る設計手法です。だから特段、障がい者・高齢者などの生活弱者のためだけのデザインとはかぎりません。むしろ、生活に障害となる物理的な障壁が取り除かれた、機能的でだれにも好まれるデザインのことですから、わたしたちにとっても非常に使い勝手がよい、つまりは居心地のいい部屋ということになるのです。

日の出旅館のユニバーサルデザインルームは、あえてベッドを置かず、木のぬくもりと畳の香りに包まれた和風の佇まいにしました。どうやらそれが、多くの方からよろこばれている原因のようです。「日の出旅館のユニバーサルデザインルームは心からくつろげる」と評判を呼んでいます。

「それまでは、しょぼんとしてましたけどな、これは頑張らなくちゃって思いましたんや」と志づさんは振り返ります。

内覧会を無事に終え関係者と記念撮影。
左上から、中村元理事長、野口あゆみ伊勢志摩バリアフリーツアーセンター事務局長、石川順子、島田かよ。
左下から、女将、大女将、上山支配人（当時）。

一の六、　口コミサイトの☆半分が☆四つ半に

改修後のオープンとともに支配人に就任した上山支配人は、たった一つのUDルームだけでお客さまを満足させるようとは考えていなかったようです。高級感あふれるUDルーム神楽を擁する日の出旅館として、高齢者にやさしいバリアフリー旅館として、改修されていない他の部屋も美しく快適に過ごせるようにと、掃除を徹底し、すきま風の穴をふさぎ、立て付けの悪い扉を修理するなど、次々と手を入れていったのです。

正面から見ると小さく見える日の出旅館ですが、奥には比較的新しい別館があり、そこには当時の旅館としてはかなり高級な仕立ての部屋があるのです。大女将一人のときには、遠くて階段の多いそれらの部屋は、あまり使われることがなかったのですが、若い上山支配人にとっては、逆に宝の山のように見えました。

集客が、二倍、三倍と増えていったのは、それらの部屋が使える部屋として生き

返ったからとも言えます。

もちろん、修繕のためには、そのためのお金も掛かります。周りからは、そんなにお金を注ぎ込んでと思われていましたが、売上げは集客とともに確実に増えています。志づさんはその増えた売上げで、上山支配人の修繕を後押ししました。

それは、使える部屋を増やすだけでなく、使ったお客さまの満足度を上げることにも繋がりました。今まで悪い評価しか書かれていなかった口コミサイトの内容は、このあたりから大きく変わり始めます。古い部屋に泊まった方からも、いい評価をいただけるようになってきたのです。もちろん、上山支配人が、UDルームに負けない部屋にしようと努力した結果です。

また、最初のうちは空いていたUDルームを、当日の必要とされそうなお客さまに、グレードアップして提供することもしました。すると、UDルームの素晴らしさを称える口コミが書かれたのです。同様の口コミは日を追って増えていき、次第にUDルームに泊まりたいと考えるお客さんが増えてきました。そしてそのうちに、UDルームの方から予約が埋まるという状況になったのです。

この頃になると、志づさんの笑顔も心からの笑顔になってきたようです。「しょぼん」としていた心がすっかり明るくなったのでしょう。そして、その「大女将の笑顔がよかった」ことまでが口コミサイトに書かれるようになったのです。

上山支配人は、口コミサイトの重要性も心得ていました。コメントを寄せてくれたお客さまには、必ず返事を書き入れます。不満を訴えるお客さまには、お詫びとともに今後どのように解決するかも書き残します。

この程度のことは、ちょっと気の利いた旅館やホテルならやっていることですが、上山支配人の素晴らしいところは、自分が関係していなかった過去の酷い口コミに対しても、一つ一つ返事を書いたことです。口コミを書いたご本人は、そんな返事を見ることはないでしょう。しかし、これから予約しようとしているお客さまにとっては、その返事があるかないかが大きなポイントになるのは間違いようもありません。

上山支配人は契約期間を終えて今は新天地で新たな挑戦をされていますが、旅行新聞新社が認定する「おもてなしの達人」にも選ばれたそうです。

最近は、「ネットで宿探し」は当たり前のことですから、泊まったお客さまからの嘘偽りのないお褒めの言葉がネット上を賑わすことは、新たなお客さまを生み出すことになります。その人たちはすなわち、日の出旅館の宣伝マンになってくださったことになります。

伊勢市駅にほど近い場所に、こんな居心地のいい旅館があったんだ。しかもUDルームのある人に優しい宿なんだ、そしてそこには大女将岡田志づさんの笑顔と、女将の岡田麻沙さんのゆるぎのない思いがたくさん詰まった宿なんだ……という旅館の高い評価や雰囲気とかが、瞬時に伝わってくるのです。

それらのコメントを見られて来られる初めてのお客さまも、昔から知っている宿のように、自然に馴染めるのが口コミ現象の特徴です。楽天トラベルの評価の項目は、サービス、立地、部屋、設備・アメニティ、風呂、食事の五つです。いずれの項目でも高い評価を受けなければ☆四つ半の評価をいただくことはできません。☆半分から☆四つ半へと想像を絶するほどの高いものになった日の出旅館の凄さの裏には、☆半分という、これ以上下がりようがないほどの低い評価がありました。

今は、違います。正々堂々の☆四つ半です。限りなく満点に近づいてきています。「おかげさんで、みなさんによろこんでもらってます。なんせ楽天さんから☆四つ半もろうてますからね」と志づさん。百歳にそろそろ手が届く大女将の口からネットの口コミの話が聞けるとは想定外のことでした。

一の七、良いリンゴの発想が、奇跡を生んだ

廃業寸前の駅前旅館が、伊勢市の事業と伊勢志摩バリアフリーツアーセンターの奮闘によって、大女将の心が動きお客さまが一〇倍の旅館になったわけですが、それをそばで見守ってきた順子さんは、「よそに嫁いだ私ですから、生まれ育った日の出旅館のお客さまが一〇倍に増えたことだけで大満足でした。ところが、母のすごいのは、そこで終わらないこと。もっともっとお客さまによろこんでもらえる宿になりたいという思いが強くなっていったのです。腐ったリンゴの逆、良いリンゴの発想なんです」とおっしゃっています。

腐ったリンゴとは、カゴの中に一つの腐ったリンゴがある限り、一緒にある良いリンゴも腐ってしまうという意味ですね。良いリンゴの発想とは、一つの良いリンゴが他の腐ったリンゴも良いリンゴに変えてしまうという意味なのです。

なるほど、大女将と上山支配人が、立派なUDルームのある旅館にふさわしい旅館にしようと、他の部屋に手を入れ始めたのは、その良いリンゴの発想なのですね。

志づさんの頭には「ここまでやればもうお終い」はありません。腐ったリンゴを一つ一つ良いリンゴに入れ替えていく。それが志づさんのやっていることなのです。

志づさんは最近、日の出旅館の寝具を羽毛布団にかえました。「お客さまから、布団がいいので、よう休まるて言われるとな、ほんとうに、やってよかったわ〜!て思うんやわ」と志づさん。「人間寝てる時が一番なんや」と。ふわふわの羽毛布団に身を包まれて眠れる旅館って、単純にうれしいし、ありがたいものです。

日の出旅館が、バリアフリー対応の人気旅館となってから、大女将がやってきたのは次のようなことです。

大女将：お客さまの苦情に応えて改修する
➡お客さまによろこばれる
大女将：よろこんでいるお客さまをみてうれしい
➡お客さまどんどん増える⇩売上げ上がる⇩お金に余裕ができる
大女将：何もなくてもよろこんでもらうために資金を投入して修理する
➡お客さま、さらに大よろこび
大女将：その様子をみて生きがいを感じる
➡お客さまも大女将も幸せな気分になる⇩幸せな気分になりたいからまた泊まる
➡日の出旅館は居心地のいい宿として認知される
➡居心地の良さを求めてたくさんの新たなお客さまがどんどん泊まりに来る
➡繁盛旅館になる⇩日の出旅館が潤うことで地域も潤う
➡日の出旅館は伊勢になくてはならない宿と認知される
➡日の出旅館のおかげで伊勢の地域ブランド力が上がる

こうして、地域（伊勢市）・顧客（お客さま）・旅館（日の出旅館）みんなHAPPYという正のスパイラルが発生しているのです。腐ったリンゴならぬ「良いリンゴ」がもたらす好循環ということになります。

旅館業をはじめ宿泊施設などの業種は「モノを作らずに成り立つ産業」といわれていますが、最近では、製造業の会社が差別化、高付加価値化をめざし、モノの生産だけでなく付加サービスなどのソフト的要素を重視する「製造業のサービス化」も進んでいます。

これまではサービス業とは認知されていなかった業種でも、おもてなしや気配りが必要な時代になったわけです。ましてや旅館などのサービス産業では、お客さまのニーズに応え、お客さまの期待以上のことを提供しつづけていくことこそが繁盛旅館への道となるわけです。そんな時代においては、志づさんのように、ハードとソフトの両面でお客さまによろこんでいただき、「また来ていただけるような」旅館の戦略づくりが重要です。

そしてユニバーサルデザインルームでお客さまを獲得したら、次はいかにして顧客満足度をあげてリピーターになっていただくか、お客さまの獲得と囲い込みを考えなければなりません。それには、お客さまに接する心を磨く必要が重要だと、志づさんは、おっしゃいます。もっともっとお客さまの要望に応えていきたいと上昇志向はとどまるところを知りません。最初のバリアフリー化改修からまだ何年も経っていないのに、すでに三回も改修工事をやっているというのもその気持ちの表れでしょう。志づさんの凄さは「ハード（設備）はより良く、ソフト（心）は、つねにお客さまの言葉に聞く耳をもつ」との気持ちが、一貫していて少しもぶれないことなのかもしれません。

遠い昔から、お客さまの帰り際には子どもたちにお土産をあげているという志づさん。一緒に写真撮ってとせがまれたり、握手をお願いされたり「売れっ子の女優さんみたいやわ」と、お客さまによろこんでいただくことが志づさんの生きがいなのだそうです。

「子どもらにあげるんは、けん玉とか、紙風船とか。万華鏡やダルマ落としなんやけどなあ。えろうよろこんでもらいますんや」とおもちゃのたくさん入った箱をニコニコ眺めている志づさんって、なんてチャーミングなんでしょう。取材をさせていただいている私たちも朝から晩まで志づさんに魅せられっぱなしです。お客さまが、幸福感に包まれる居心地がいい旅館は、こうして生まれたのです。

一の八、ニーズに応えたホスピタリティ

ホテルの朝食は、バイキング形式が主流になり品数やバリエーションが豊富になってきましたが、それでもいまだに、焼いてから相当時間が経っている、ふんぞりかえったような格好のあじの干物や、冷えた味噌汁、乾燥したバサバサなサラダなどが、お膳に並ぶなんてこともあるのです。そういった宿泊客を裏切ることは避けなければなりません。そのためには、お客さまのニーズを敏感に感じ取り、たとえそのことが宿にとって手間のかかる非効率なことだとしても、心のこもった対応をすることが不可欠になってきます。

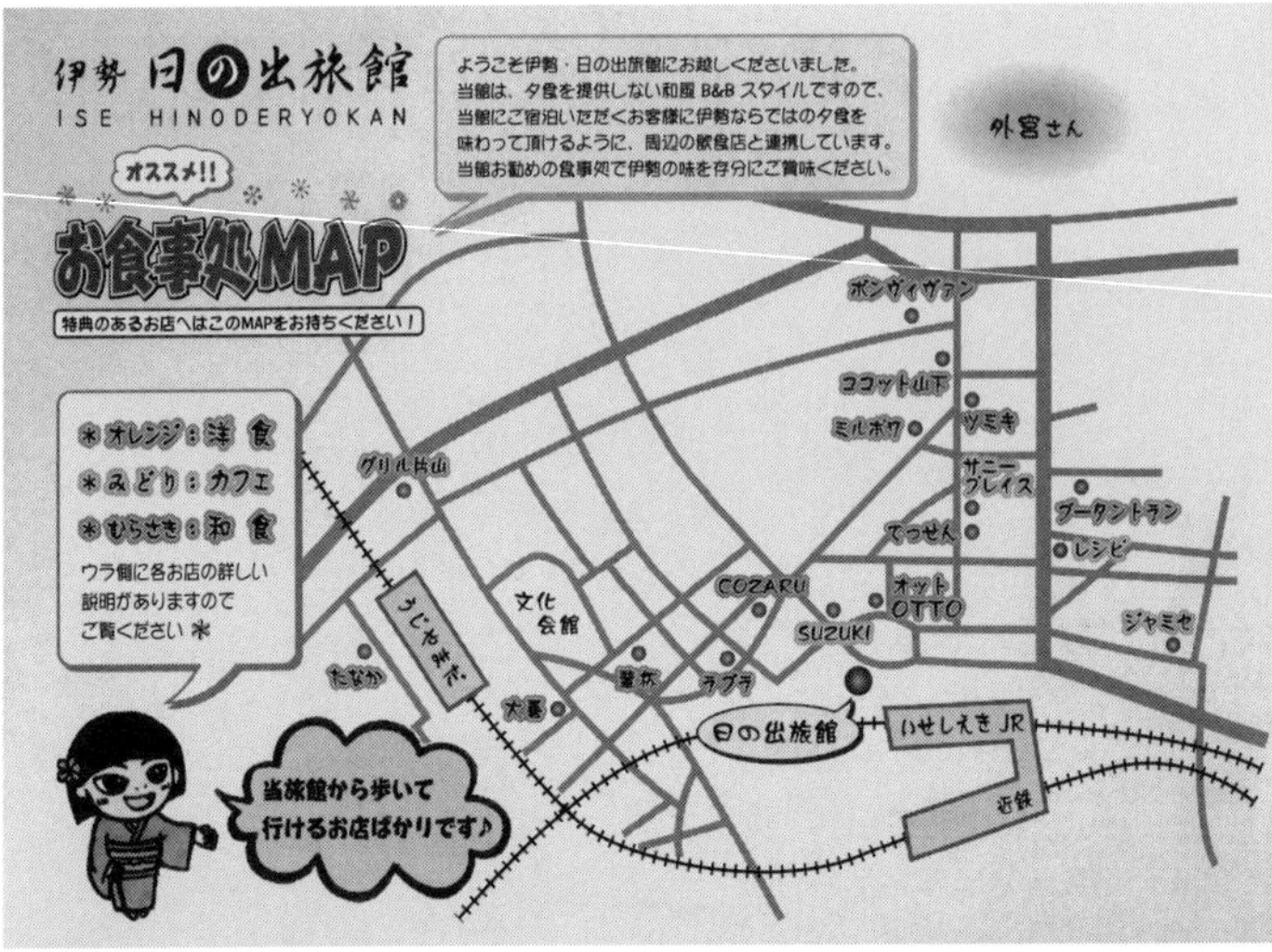

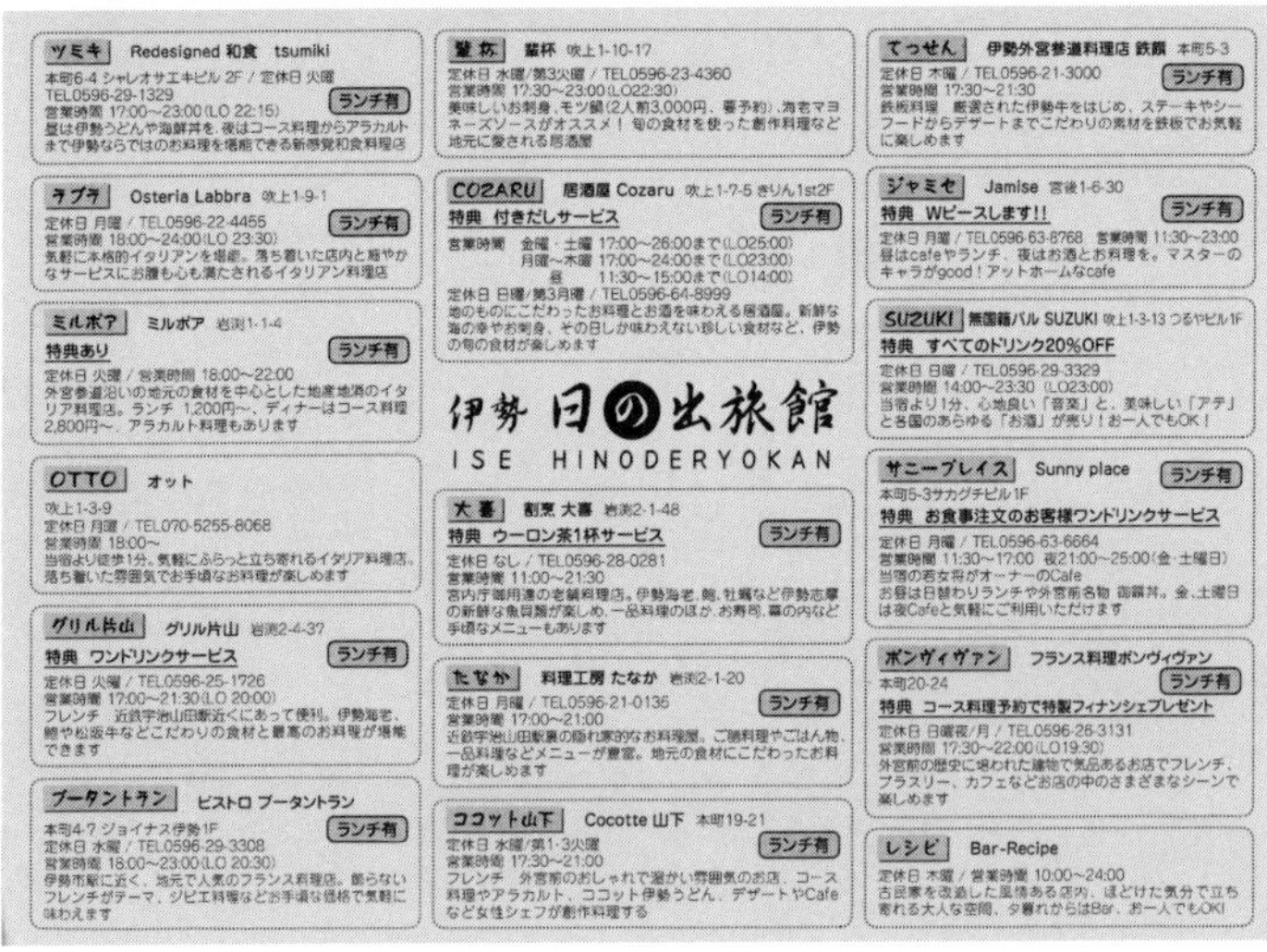

ツミキ Redesigned 和食 tsumiki
本町6-4 シャレオサエキビル 2F / 定休日 火曜
TEL0596-29-1329 ランチ有
営業時間 17:00〜23:00(LO 22:15)
昼は伊勢うどんや海鮮丼を、夜はコース料理からアラカルトまで伊勢ならではのお料理を堪能できる新感覚和食料理店

ラブラ Osteria Labbra 吹上1-9-1
定休日 月曜 / TEL0596-22-4455 ランチ有
営業時間 18:00〜24:00(LO 23:30)
気軽に本格的イタリアンを堪能。落ち着いた店内と賑やかなサービスにお腹も心も満たされるイタリアン料理店

ミルボア ミルボア 岩渕1-1-4
特典あり ランチ有
定休日 火曜 / 営業時間 18:00〜22:00
外宮参道沿いの地元の食材を中心とした地産地消のイタリア料理店。ランチ 1,200円〜、ディナーはコース料理2,800円〜、アラカルト料理もあります

OTTO オット
吹上1-3-9
定休日 月曜 / TEL070-5255-8068
営業時間 18:00〜
当宿より徒歩1分。気軽にふらっと立ち寄れるイタリア料理店。落ち着いた雰囲気でお手頃なお料理が楽しめます

グリル片山 グリル片山 岩渕2-4-37
特典 ワンドリンクサービス ランチ有
定休日 火曜 / TEL0596-25-1726
営業時間 17:00〜21:30(LO 20:00)
フレンチ 近鉄宇治山田駅近くにあって便利。伊勢海老、鰻や松阪牛などこだわりの食材と最高のお料理が堪能できます

ブータントラン ビストロ ブータントラン
本町4-7 ジョイナス伊勢1F ランチ有
定休日 水曜 / TEL0596-29-3308
営業時間 18:00〜23:00(LO 20:30)
伊勢市駅に近く、地元で人気のフランス料理店。飾らないフレンチがテーマ、ジビエ料理などお手頃な価格で気軽に味わえます

盞杯 盞杯 吹上1-10-17
定休日 水曜/第3火曜 / TEL0596-23-4360
営業時間 17:30〜23:00(LO22:30)
美味しいお刺身、モツ鍋(2人前3,000円、要予約)、海老マヨネーズソースがオススメ！旬の食材を使った創作料理など地元に愛される居酒屋

COZARU 居酒屋 Cozaru 吹上1-7-5 きりん1st2F
特典 付きだしサービス ランチ有
営業時間 金曜・土曜 17:00〜26:00まで(LO25:00)
月曜〜木曜 17:00〜24:00まで(LO23:00)
昼 11:30〜15:00まで(LO14:00)
定休日 日曜/第3月曜 / TEL0596-64-8999
地のものにこだわったお料理とお酒を味わえる居酒屋。新鮮な海の幸やお刺身、その日しか味わえない珍しい食材など、伊勢の旬の食材が楽しめます

伊勢 日の出旅館
ISE HINODERYOKAN

大喜 割烹 大喜 岩渕2-1-48
特典 ウーロン茶1杯サービス ランチ有
定休日 なし / TEL0596-28-0281
営業時間 11:00〜21:30
宮内庁御用達の老舗料理店。伊勢海老、鮑、牡蠣など伊勢志摩の新鮮な魚貝類が楽しめ、一品料理のほか、お寿司、幕の内など手頃なメニューもあります

たなか 料理工房 たなか 岩渕2-1-20
定休日 月曜 / TEL0596-21-0135 ランチ有
営業時間 17:00〜21:00
近鉄宇治山田駅裏の隠れ家的なお料理屋。ご膳料理やごはん物、一品料理などメニューが豊富。地元の食材にこだわったお料理が楽しめます

ココット山下 Cocotte 山下 本町19-21
定休日 水曜/第1･3火曜 ランチ有
営業時間 17:30〜21:00
フレンチ 外宮前のおしゃれで温かい雰囲気のお店。コース料理やアラカルト、ココット伊勢うどん、デザートやCafeなど女性シェフが創作料理する

てっせん 伊勢外宮参道料理店 鉄饌 本町5-3
定休日 木曜 / TEL0596-21-3000 ランチ有
営業時間 17:30〜21:30
鉄板料理 厳選された伊勢牛をはじめ、ステーキやシーフードからデザートまでこだわりの素材を鉄板でお気軽に楽しめます

ジャミセ Jamise 宮後1-6-30
特典 Wピースします!! ランチ有
定休日 月曜 / TEL0596-63-8768 営業時間 11:30〜23:00
昼はcafeやランチ、夜はお酒とお料理を。マスターのキャラがgood！アットホームなcafe

SUZUKI 無国籍バル SUZUKI 吹上1-3-13 つるやビル1F
特典 すべてのドリンク20%OFF
定休日 日曜 / TEL0596-29-3329
営業時間 14:00〜23:30 (LO23:00)
当宿より1分、心地良い「音楽」と、美味しい「アテ」と各国のあらゆる「お酒」が売り！お一人でもOK！

サニープレイス Sunny place ランチ有
本町5-3サカグチビル1F
特典 お食事注文のお客様ワンドリンクサービス
定休日 月曜 / TEL0596-63-6664
営業時間 11:30〜17:00 夜21:00〜25:00(金･土曜日)
当宿の若女将がオーナーのCafe
お昼は日替わりランチや外宮前名物 御饌丼。金、土曜日は夜Cafeと気軽にご利用いただけます

ボンヴィヴァン フランス料理ボンヴィヴァン
本町20-24 ランチ有
特典 コース料理予約で特製フィナンシェプレゼント
定休日 日曜夜/月 / TEL0596-26-3131
営業時間 17:30〜22:00(LO19:30)
外宮前の歴史に囲われた建物で気品あるお店でフレンチ、ブラスリー、カフェなどお店の中のさまざまなシーンで楽しめます

レシピ Bar-Recipe
定休日 木曜 / 営業時間 10:00〜24:00
古民家を改築した風情ある店内、ほどけた気分で立ち寄れる大人な空間、夕暮れからはBar、お一人でもOK!

日の出旅館がお薦めする飲食店（20 軒程）を紹介してあるお食事処ＭＡＰ。

日の出旅館の周辺には、いろいろな飲食店があります。お寿司屋さんに、イタリアンレストランやフレンチレストラン、居酒屋にファミレス、うどん屋さんやお好み焼き屋さん、気の利いたバーと何でもあります。

自分の旅館に、多くのお金を落として欲しいと抱えこんでしまう旅館が多い中で、日の出旅館は「夕飯は、外で食べてきて下さい。希望があれば、朝ご飯はできます」という泊食分離が基本の宿泊パターンです。

お客さまが外の夕食で満足してもらえるよう、周辺のお店を紹介するマップまで作ってしまいました。当然、地域のお店もよろこんでくれます。日の出旅館は、立派に地域の活性化に貢献しているのです。

大女将の言葉を借りれば、大きな決断をし大改造が実現した途端「何もかもええ方向にいってますな」なのです。ひとつだけ上手くいくのではなく、何もかもというのがミソなのです。ひとつ上手くいったことで、かならず次も上手くいくという自信が心に芽生えたのです。良い結果は、自然にさらに良い結果を導きだすものなのでしょう。

こうして大女将の大きな決断は、数字の上でも想像をはるかに上回る奇跡的な結果を叩きだし、さらなる繁盛旅館へと突き進んでいる進化途中です。バリアフリー観光における成功事例のひとつにとどまらず、日の出旅館は、今や日本全国から集客上手の宿のお手本として視察が入るほどの宿になったのです。

今年は、「お風呂がぬるい」「シャワーが使えなかった」などの苦情に応える形で、お風呂の改修工事にとりかかりました。「今度は、ぜんぶこっち持ちですんやに～」と大女将。お客さまのニーズに応えることに生きがいを見いだすとともに、応えることこそが商売繁盛に直結すると気づいたのです。「ほやけどな、お客さんにお湯がぬるい！　言われへんかったら直さなあかんとは思いませんでしたでなぁ。お客さんの苦情もありがたい先生ですんさ」お客さまの小さなつぶやきにも聞く耳をもち、それらに応えることが大きな顧客満足に繋がっていると確信しました。

数多くの宿泊体験を通して、的を射た上質なサービスを受けてきたお客さまは、ありきたりのサービスでは物足りなくなり、自分好みのサービスを求めるようになっています。そしてお客さまは、その宿のサービスの提供の仕方が、自分の求めるサービスに叶っているのか、ひとつひとつチェックするのです。

今や、宿は「施設の規模の大小」「料理の良し悪し」「温泉の有無」で勝負するのではなく、ホスピタリティの心で、お客さまの心をつなぎとめることに重きをおく時代になったのです。そういう意味でも「お客さまの求めているもの」を真剣に探り、お客さまによろこんでいただく方法を考えることが不可欠なのです。

お客さまのニーズに敏感に応え顧客満足度が顕著に上がった日の出旅館とは正反対に、未だにこんなやり方していて大丈夫なの？　という「お客さまのニーズにはできる限り応えない」という風にとれる宿もあります。わたしの知り合いがかかわっている、名前を聞けば誰もがピンとくるに違いない某温泉の大型ホテルでは、お客さまのよろこぶことを従業員同士で考え実行しようとすると、支配人が「そういうことはしなくていい。一銭にもならないから。もっとお金になることを考えなさい」と真顔で訓示するそうです。

ところが、そのホテルは社長だの会長だのという類のお偉いさんがやってくると、どんなに忙しくても、たとえお客さま対応中であろうとも、その手を一斉に止め、緋毛氈の両サイドに肩書の高い順に整列し、普段したこともないような九〇度のお辞儀で御方々を迎えるそうです。

従業員にとって一番気を使うのは、お客さまではなく社長と会長ということなのでしょうね。こういう宿に投書をしても無駄です。そのお宿、いわゆるクレームには、支配人の段階で蓋をしてしまうそうです。社長も会長も裸の王様状態というわけです。それでも「ホスピタリティの宿」を謳っているというのだから、あきれてしまいます。

そんな勘違い宿が少なくないだけに、日の出旅館のホスピタリティには心を打たれます。それは私だけではないでしょう。お客さま全てが、多かれ少なかれ、日の出旅館のホスピタリティに心地よさを感じているのだと思うのです。

一の九、　帰ってきた孫娘

改修工事が終わったばかりの頃、中村理事長は志づさんに「大女将にはようけお金使わしてしもたから、早く取り戻せるように我々も頑張ります」と言ったのだそうです。すると志づさんは、このように答えられたそうです。

「お金なんか返ってこんでもかまいませんのや。わずかなお金残して死んでも、なんやこんなお金では旅館を畳むのにも足らんて言われるだけですやろ。今やったら、お婆ちゃん立派な日の出旅館を残してくれたなあ、て言うてもらえますわ。ええお金使わせてもらえましてなあ、ほんとにありがとうございました」

これが志づさんの大決断の、もう一つの理由だったのでしょうか。

そしてその一年後、それまで大女将だけだった日の出旅館に女将が誕生しました。孫娘の麻沙さんが日の出旅館に戻ってきたのです。

小さい時から、跡取り、ここの女将さんになるって言われて育ってきた麻沙さん。「父も旅館、おじいちゃんも、おばあちゃんもおって、その後継ぐのは私って言われて育ってきたので、近所の人たちにも、女将さんなるんやなって、ずっと言われてきました」と。

でも、大女将との考え方の食い違いとか、当時のお客さまからの苦情に応えたくても答えられないもどかしさを感じていた時期もあったと振り返ります。

自分はこうしたいけど、おばあちゃんからはいかんって言われる。そんなこともあって麻沙さんは、悶々とする日々を送っていました。そして二〇〇八年に伊勢神宮外宮近くでカフェを始め遷宮が終わるまでの六年間、地元の方や観光客によろこばれていました。「遷宮終わったら帰ってこい」っていわれていたと麻沙さん。

「けんか別れだったんで、何もかも関係ないって思っていたんですけど、おばあちゃんやお父さんの足腰が悪くなって、叔母たちからは、これからどうするんや、麻沙は帰ってこうへんし、日の出旅館はこのまま閉めてしまうんか、と言われてるのは知ってました」

「お婆ちゃんには、日の出旅館は残したい、麻沙が帰ってきても続けれるようにっていう思いがあったんだと思うんです。バリアフリーを決意したのも、私が戻ってきやすいように。との想いもあったんだと思います」その間にお父さまが亡くなられ、二年間は旅館とカフェと二足のわらじを履いていた麻沙さん。遷宮も終わり正式に頑張って行こうかとひと区切りつけ昨年の一〇月に旅館一本にする決意をされ、今日にいたっています。

今は新しい支配人に変わって、日の出旅館はまだまだ成長中なんですよ、と麻沙さん。「前回おいでいただいたときより、ほんの少しでもお客さまに満足していただけるように心がけています」と大きい目が輝いています。

麻沙さんの目指すこれからの日の出旅館像をお聞きしたところ、「おばあちゃん宅に帰ってきたような、安心感や懐かしさや温かさを感じてもらえるような宿にできたらいいなと思っています」とおっしゃいます。田舎を持たない人が多くなってきた現代の日本で、田舎に帰ってきたように「ただいま」って言ってもらえるような、そういう部分を大切にしていきたいのだそうです。

大女将（おばあちゃん）の背中をみてきた麻沙さんらしい言葉ではないでしょうか。「新しいものはいくらでも作れるけれど、汚らしいのではなく清潔感を出しながらも懐かしさや、居心地の良い古さを大事にしていきたい」と力強く語ってくれました。

麻沙さんは、おっしゃいます。気持ちのもちようでまったく違うと。帰って行くお客さまの表情も言葉も、違ってきたのです。

「全部のお客さまのご要望に対応できるかっていうと、そうではないので、苦情はご不満として受けとめています。自分の気づかなかったところを教えて頂いているのだとプラスに考え、どうすればもっと満足していただけるかと捉えられるようになりました。以前からネックだったお風呂の修繕も、着手するには金額が凄く高いので、少しづつ手直しはできたんですが大がかりにすることができないでいました。しかし他の部分で綺麗にしたりと頑張っても、お風呂のクレームが多かったことにはなかなか応えられないでいました。冷めていく一方のお風呂からいつでも熱い状態のお風呂にする修繕を、一カ月完全休館にして行なっています。お部屋やパブリックスペースがよくなったらお風呂も心地よく入っていただきたいという思いを形にしたのです。

代々、ご家族で来られる。リピーターで自分の子どもを連れて、またあそこ行きたいわって言ってもらう旅館になりたいんです。また次くるときは必ずここに帰ってこようって思えるような旅館が目標です」

麻沙さんは、大女将がバリアフリーの工事を決意をした講演を聞いていません。工事が完成する頃、中村理事長とじっくり話をする機会がありました。そのとき「ボクらがやるべきバリアフリー観光っていうのはな、障がい者のためだけのものやないんや。バリアフリーっていう言葉は、すべてのお客さんに不都合なバリアを取り除くものなんや」という言葉を聞いて、「あ、そうなんや」って思えたといいます。麻沙さんにとっての「目から鱗」の瞬間だったのでしょう。現にバリアフリーのお部屋は車イスの方だけではなく一般のお客さまにもご利用いただき、とてもよろこばれているのですから。

ユニバーサルデザインルームの果たした役割は絶大です。中村理事長の講演を聴いていなかった麻沙さんにも、障がいをおもちの方であっても、なにか特別な介助を望まれているのではなく普通の旅が出来て普通に接してもらえたらと望まれているということを分からせてくれました。身体の不自由な方も健常者の方も、等しく喜んでもらえる部屋やサービスがあるのだと気付かせてくれました。

「どのようなお客さまにもわけへだてなく、みなさんに同じ対応ができたらいいと思うんです。非日常を、いかに快適に過ごしていただけるかって難しいですけど、少しでも長い時間を居心地よく過ごしていただきたいのです」

麻沙さんは最後に、「今の私は、大女将にはなれへんもんで、ずっとおばあちゃんにいてもらわないとあかん」と、おっしゃいました。志づさんの小さな目からひと筋の光るものがみえました。

一の一〇、伊勢で一番ちっちゃい女将は日の出旅館の大女将や

志づさんの人気はとどまるところを知りません。とうとうストラップになってしまいました。あまりにも大女将が忙しくなってきて、ある日はテレビの取材で、朝早くから夜遅くまで、テレビカメラに追いかけられたり、パチパチ写真を撮られたり、長い時間インタビューを受けたり、あちこちと歩かされたり……

一緒に付いていた娘の順子さんが、「大丈夫やったかなあ?」と心配して、翌日旅

館に見に行ったらけろっとした顔で元気、元気……前より元気になってきたそうです。

「テレビみました、おばあちゃん。握手してください」と言われれば、「スターは辛いわ」とすかさず切り返し、テレビを見たので泊まりに来たという人がくるといけないから「いつも綺麗にしとかなあかん」とパーマ屋さん通いをする。「取材は、もうええ、もうええ」と言いながら楽しみにしていて「まだきーひんのか～」と玄関の前で待っています。

大女将にむかって大変失礼な物言いですが、とにかくかわいいのです。愛らしいのです。一度会うと、その魅力にメロメロになってしまうのです。

娘の順子さんが、九〇歳過ぎても現役で頑張っているし成功もしている、一つ大女将のストラップでもつくってあげようかと進めていたら、「もうええ」って言うので、あきらめかけていたら「あれ、いつできるん」と言われたと、順子さんは笑いながらその顛末を話してくれました。

最初にできあがってきたストラップは、タバコ屋のおばちゃんみたいな二つ団子の髪型であまり似てないと、すかさず「どうせやったら、似せて作ってほしいよって」

と大女将。順子さんは「おばあちゃんは役者やな。どんどん元気になっていくもんで」と、とってもうれしそうです。

大女将の決断から丸四年が過ぎようとしています。月日の経つのは早いものです。あれよあれよという間にお客さまの数は二年で一〇倍に膨れ上がりました。そして志づさんも、四年前と大きく変わりました。年齢を重ねたという意味ではありません。どの角度から眺めてもその姿は自信に満ち満ちているのです。生き生きしているのです。楽しくて仕方がないというのがはたで見ていても伝わってくるのです。周りにいる人を幸せな気分にしてくれるのです。

今取りかかっている浴室工事は、営業していれば満室の日の出旅館を、1ヵ月休館にしてまで行っている改修工事です。もちろん市の補助金なしですからかなりのお金がかかっているはずです。この決断をさらりとやってのけてしまう大女将の胆の据わり具合をのぞいてみたいと思うのは私だけでしょうか。

「伊勢で一番ちっちゃい女将は日の出旅館の大女将やで！　っていうて言わさしてもろてますんさ」という志づさんの背中がやけに大きくみえた瞬間でした。

元気の秘訣は“満
面の笑み”。

宿泊客に人気の
「伊勢のちっちゃ
い大女将」スト
ラップ。本人と
そっくりです。

自分とそっくりの
ストラップを手に、
嬉しそうな大女将。

“お気をつけていってらっしゃい”
“またお越しください”と玄関でお
見送り。

第二章　伊勢志摩バリアフリーツアーセンター

伊勢志摩バリアフリーツアーセンターが誕生したのは、遡ること一三年。二〇〇二年のことです。オープンして以来、伊勢志摩地域は日本で最も進んだバリアフリー観光地として、障がい者や高齢者のお客さまの集客に成功し、脚光を浴び続けています。日本で初めてのバリアフリー観光システムを考案し、実際に創り上げ、大きな集客装置に育て上げたのは伊勢志摩バリアフリーツアーセンターの理事長である中村元さんです。

二章では中村さんに、バリアフリー観光への想いや、なぜバリアフリー観光を取り巻くマーケットが、ここまで巨大化したのか、バリアフリー観光の未来についてなど大いに語っていただきました。中村理事長の思いを、直に感じ取っていただこうと、そのまま載せさせていただいております。きっと、読み進めていくうちに中村理事長の講演を聴いているかのような錯覚に陥ることでしょう。

日の出旅館の大躍進劇をはじめとする「伊勢市バリアフリー観光向上事業」が大き

な成功を納めた土台には「伊勢志摩バリアフリーツアーセンター」の存在がありました。二〇〇二年に同センターがオープンして以来、伊勢志摩地域は日本で最も進んだバリアフリー観光地として、障がい者や高齢者の集客に成功していたのです。

伊勢志摩バリアフリーツアーセンターという日本で初めてのバリアフリー観光システムを考案し、実際に創り上げ、その後も戦略的な活動によって大きな集客装置に育て上げたのが、同NPOの理事長である中村さんです。

中村さんは、伊勢志摩バリアフリーツアーセンターの理事長を務めるとともに、全国にバリアフリー観光地を開発し繋ぐ、日本バリアフリー観光推進機構の理事長も務める、バリアフリー観光の伝道者であり指導者です。現在は観光庁においてユニバーサルツーリズム推進のアドバイザーも務め、全国各地で講演を行うなど非常に多忙な日々を送っています。

しかし、中村理事長を紹介するには、彼の本業に触れておかねばなりません。中村さんの本業は日本で唯一の水族館プロデューサーなのです。地元の鳥羽水族館をはじめ、新江ノ島水族館、サンシャイン水族館などのリニューアルで展示プロデュースを手掛け、それぞれ、リニューアル前の入館者数の四倍、六倍、三倍という信じられないような集客を果たす水族館へと生まれ変わらせているのです。

さらに、北海道北見市にある、北の大地の水族館（山の水族館）のリニューアルでは、総建設費三億五千万円という極小かつ超低予算の水族館ながら、リニューアル前のなんと一五倍の集客を果たし、それが及ぼした経済波及効果は一年でなんと四三億円にも上ったのです。

その手腕は「奇跡の集客請負人」とまで呼ばれ、現在も国内外で数館もの水族館のリニューアルと新設に関わっています。さらに小豆島土庄町の企業グループに依頼され、観光集客を三倍にするミッションをプロデュースしているそうです。

つまり中村さんは、観光集客の専門家であり、個々の案件のプロデュースを行うのが本業なのです。名前だけの観光アドバイザーや観光プロデューサーはあまたいますが、中村さんは実績しかも奇跡的な増客実績を重ねてきた集客のプロそのものです。

なぜ最初に彼の本業を紹介したのかと言いますと、本書で表したいバリアフリー観光システムと伊勢志摩バリアフリーツアーセンターは、中村さんの集客のノウハウの延長線上で構築されたということを、まず知っておいていただきたいからなのです。

中村さんご自身も、各地でバリアフリー観光の講演を行うとき、その冒頭で聴衆のツカミを兼ねて必ずおっしゃっています。

「この勉強会にむりやり引っ張ってこられたみたいな顔されてる、そちらのいかにも宿のご主人ぽい旦那さん（笑）、ボクの話は儲け話ですよ、寝てる場合やあらへんからね（笑）。ボクの本業は、集客を約束する水族館プロデューサーです。集客前年度比一五倍って考えたことあります？　今からお話しするバリアフリー観光も、けっして福祉の話ではありません。観光による集客をいかに成し遂げるかの話です。日本の社会をノーマライゼーションの目で見れば、みなさんがいかに巨大なマーケットを失っているか分かるでしょう、ゾッとしますよ……」とこのような調子なのです。

そして、最初はやる気のないような顔をしていた観光事業者の人たちは、彼の話に傾注し、しだいに真剣な顔つきになっていくのです。驚きの顔、うなずく顔、厳しい顔。時間が経つにつれてメモを取り始める音が、一人二人と増えていくのがおもしろいようにわかるのです。

水族館プロデューサーとしての手腕は、利用者の心をわしづかみにする顧客起点のセンスと、弱点を武器に変える逆転の発想であると評されていますが、それは講演においてもいかんなく発揮させられているのです。聴講者の心を掴むやいなや、聴講者があっと驚くような真実を見せ、聴講者が心の底から欲しいと思う情報だけを伝えるというものです。

中村さんの講演を聴いて、日の出旅館の成功の理論を説明してもらううちに、バリアフリー観光の仕組みもまた、そんな彼の手の中にあると気づいたのです。中村さんがバリアフリー観光の講演を行うと、その地域では必ずと言っていいほど、後にバリアフリー観光推進の動きが生まれ、伊勢志摩バリアフリーツアーセンターと同じ相談センターが設立されると言われています。それは、毎回、きまって冒頭に話す「巨大なマーケット」にみなさんが気づくからなのです。

講演会の後で回収されたアンケートからは、観光事業者が書き込んだ「目から鱗でした」「焦りました」といった言葉が書き込まれています。

中村理事長の講演を聞けば、日の出旅館の大女将が「廃業寸前旅館」から「奇跡の繁盛旅館」へと大変身を遂げた理由を「中村さんの講演を聴いたから」という意味が分かります。

一章では、バリアフリー観光に取り組んだ日の出旅館の成功事例について書かせていただきました。二章、三章、四章では、その成功の裏にあった様々なヒミツを、中村理事長へのインタビューによって証します。経験に基づいた刺激がいっぱいの語り口がみなさんにも届けば嬉しいのですが。

二の一、バリアフリー観光に目を付けた理由

中村元さんは、日の出旅館の成功と伊勢志摩バリアフリーツアーセンターの集客実績の裏には、そもそもそこに巨大なマーケットがあり、他ではそのマーケットに気付いていないから、独り占めできたのだと言います。

講演でも、まずその巨大なマーケットについて話をします。そしてそれを聴いた誰もが、重要さに気付くことになるのです。

中村さんの言う巨大なマーケットとはどれほどのものなのか？　最近では街中で車イスの人を見かけることが多くはなりましたが、それでもやはり出歩く障がい者はかなりのマイノリティーであり、巨大という表現にはピンときません。

彼の頭の中で、バリアフリーマーケットという市場はどのように考えられているのか、そしてどうやってそのマーケットに気づいたのでしょうか？

中村さんが伊勢志摩バリアフリーツアーセンターを立ち上げたのは、今から一三年前の二〇〇二年のことでした。バリアフリー観光地を目指す地域は他に二カ所あったものの、観光とバリアフリーを結びつける考え方がまったく一般的ではなく、集約装置としてのシステムは日本に皆無でしたし、そのような仕組みを考えた人もいませんでした。

伊勢志摩バリアフリーツアーセンターは、今までの観光行政を変革させるという大きな使命の元に産み出されたのです。

二〇〇一年、当時の三重県知事だった北川正恭知事から「今まで伊勢志摩には毎年大な金額のイベント予算を出していたけれど、一過性のイベントにはもう予算は組まない。君たちで、継続して増客効果が発揮できる方法を考えて欲しい。そのためなら予算は付ける」との命を受けてね、「伊勢志摩再生プロジェクト」ていうチームに入れられたんです。ちなみに、この伊勢志摩再生プロジェクトの委員長は石川順子さんだったんです（笑）。

これは大変なところに放り込まれてしまったと思った。観光産業というのは「パイの奪い合い」と言われていてね、もし伊勢志摩を増やそうとしたら、他の観光地に行こうとしている客を奪ってこなくちゃならない商売なの。だから各地で、一過性のイベントで注目を浴びるという方法が行われてるって現実があるわけです。

さらに伊勢志摩再生プロジェクトの委員会内で、伊勢志摩のコアコンピタンス（中心的競争力）を再検討してみたところ、二〇年に一度の式年遷宮以外は、日本各地の観光地と同じ程度、いやむしろ劣っているんじゃないかってことに気付いた。そんな地域で式年遷宮に関係のない時期に、しかも継続的に、ライバルの観光地からパイを奪えるようなことなど簡単に思いつくわけもない。マジでこりゃあかん打つ手無いかもしれない思いました。

そんなときたまたま、雑誌の編集をやっていた友だちが、海外の高級リゾート地ばかりを紹介している雑誌を送ってくれたんです。パラパラとめくってみたら、片足のスキーヤーの写真に目が釘付けになった。その雑誌を送ってくれた友人がカナダのウィスラーというウインターリゾートのまちを取材してきた記事でした。

さっそく友人に電話したら、このウィスラーというまちは、身体の不自由な人々のためのアクセシブルな観光地づくりをしたことで、ウインターリゾート地にもかかわらず、夏に冬を超える観光客が集まった上に、冬の観光客も増えたというではないですか。

それを聞いて頭に浮かんだのが、当時ボクが主宰していたNPOで育てた事業のことです。車イスの男の子に恋した女の子が、下心丸出しで立ち上げたバリアフリー情報誌づくりの事業で、車イスユーザーが利用できる伊勢志摩の飲食店やレジャースポットをガイドする「おでかけチェアウォーカー」という冊子の発行を、その組織づくりから資金づくり、活動までサポートしたことがあるんです。

周辺人口二〇万人程度の伊勢志摩地域が対象地域だったから、そんなに売れないらどうなあって思いながら手伝ったのが、ふたを開けてみれば「おでかけチェアウォーカー」は三千部が売れる大ヒットになったんです。必要な人っていっぱいいたんですね。

ウィスラーの集客成功と「おでかけチェアウォーカー」のヒットは、スルスルっという感じでボクの頭の中で結びつきました。そうや！　身体の不自由な人を対象にした『バリアフリー観光』で新しいパイをつくればええんや！　と。

日本でもウィスラーの成功が可能なのではないか。そして日本初のバリアフリー観光システムを開発できれば、バリアフリー観光マーケットという新しいパイを独り占めできるはずだと考えたわけです。ボクが目指そうと決めたことは、奪い合いするパイ一切れの大きさを競うことなんかではなく、新たな観光客のパイをつくることだったんです。

式年遷宮で新しくなった伊勢神宮の宇治橋。

でも最初のけっこうな期間、ボクのバリアフリー観光の考えは、伊勢志摩再生プロジェクトの誰にも受け入れられなかったですね。いや、ほぼ全否定だった（笑）。

曰く……

「障がい者の数などわずかで、集客を増やすことには結びつかない」

さらに

「障がい者を客にしなければならないほど、伊勢志摩が落ちぶれたのかと思われたら恥ずかしい」

なんていう意見まで出たりして。

この意見、今なら差別発言になりかねないけど、これを言ったのが当時テレビ局の役員だったメンバーだからね、十数年前の当時、いかに障がい者が一人前の人として認められていなかったかが分かるでしょう。

でも、こういう反対意見の嵐にあったことで、ボクは逆に「これはイケル！」と確信したんです。なんせ、日本社会で誰も気付いていないマーケットを掘り出して、新しいパイを作ろうっと企んでるんだから、誰もが素直に同意するようなマーケットだったら、新しさのカケラもないってことでしょう。みんなが理解できないくらいだからこそ、画期的なマーケットなわけですよ。

その当時ボクは、地元の水族館で副館長を務めていた。あの頃、ボクは全国の水族館や動物園が考えもしなかった大人マーケットに目を向けて、その集客方法をいくつも開発していました。でも実のところ、あの大人マーケットもまた周囲からはまったく理解してはもらっていなかったんです。

みんな水族館は子どものものという常識から誰も抜け出せなかったんですね。しょうがないから、ボクは強引に進めては大人の来館者を増やして増客を成功させるという方法で、集客実績を重ねていた経験がありました。

その経験があったから、みんなに理解されないバリアフリー観光マーケットだからこそ、必ず成功させられると確信できたんです。新しいものって、だいたいそういうもんなんです。

今街に出れば、車イスに乗った人を見かけないことはありません。でも、わずか一四年前、社会は今のような姿ではありませんでした。

十年一昔と言いますが、これほど大きな変化が知らないうちに起こっているのです。社会の変化が産業に与える影響は絶大です。しかし全国の観光地では、この変化に気づいていなかったのです。もっと言うと気づこうとしなかったのかもしれません。いや、今もまだ気付いていない観光地の方がはるかに多いですし、よしんば気付いていても対応に手をこまねいている事業者や行政も多いのです。

しかし具体的にバリアフリー観光の新しいマーケットとはどのようなものなのか？この問いに対して、中村理事長は数値を交えて明快に答えてくれました。

二の二、　巨大なバリアフリー観光マーケット

まず、当時自分が副館長をしていた鳥羽水族館で、障がい者手帳保有者がどのくらいの割合でやってきているかを調べてみました。そうしたら全入館者の〇・五％しか

いなかった。年間入館者が一〇〇万人としたらわずか五千人ということだから、実のところかなり期待はずれの数字でガッカリしました。

でも、障がい者が一人でくるなんてことはほとんどないから、気を取り直して、障がい者の人が同伴するのは何人なのかの平均を取ってみた。そうしたら、障がい者は平均すると四人程度の家族やグループで訪れることが分かったんです。つまり、〇・五％×四人＝二％、一〇〇万人のうち二万人のお客さんは、障がい者もしくは障がい者とともに訪れるお客さんという計算になりますね。

二％という数字は大きいよ。ターゲットを障がい者に絞ることができたら、二万人を倍の四万人にすることは不可能ではないでしょう。

結果から言えば、その当時から一三年たった昨年、鳥羽水族館の障がい者数は一・二％、当時の倍以上に上昇しているんです。一緒に来る人の係数四名を掛ければ、一〇〇万人のうち約五万人のお客さんが、障がい者とともに訪れているお客さんたちっていうことになりますね。

そして実は、この同行者係数四名は団体客のことは入れてない数字なんです。障がい者を一人でも含む団体も入れて平均をとれば、この同行者係数はさらに大きくなります。

例えば学校団体。かつては障がい児の全てが分離教育されていたから、学校団体に障がい児が混じっていることはまずなかった。でも一四年前の当時は、少ないケースながら障がい児も普通学校で学びはじめた時代でした。たった一人の障がい児が五〇〇人の学校団体の一人として来ることもあるわけで、その場合の同行者係数は五〇〇人。それを係数四人には入れてなかったのです。

最近、友だちが校長をやっている中学校に呼ばれたことがあるのだけど、校長室にあったホワイトボードを見たら、それぞれの学年一〇クラスに一人ずつ車イスのマークが付いていました。聞いてみたら、今の中学校ではおおよそ一〇クラスに一人の身体障がい児がいて、彼の中学校はちょうどその割合が現れているんだと言う。これ、ホントだろうか？　と思って調べてみたらちゃんと発表されていました。現在の普通学校の生徒のうちおよそ〇・三％が障がい児とされてるんです。

この事実は今、修学旅行にめちゃくちゃ大きく影響しています。

修学旅行の宿といえば昔から、古くて安価な宿が定番。とうぜん、その安宿にはエレベーターは付いてないし、いまだにトイレは和式トイレしかないということも多い。

すると、障がい児がいる学校の修学旅行では、和式トイレしかない旅館は利用できなくなりますね。和式トイレしかなかった宿は、たった一人の障がい児のために、一〇クラス三〇〇人という大きな団体を失うことになっているんです。

ところが、その学校団体を失った旅館の側は、そんなことまるで気付いていない。今まで何十年と決まったように来てくれていた学校が突然来なくなった理由を、「きっと修学旅行が贅沢になったから」などと思いこんで諦めてしまっているのです。

でもホントの理由は、たった一人の障がい児に対応できていなかっただけだった。このことを知らずに嘆いている修学旅行専用の旅館はけっこう多いんですよ。


なんと、バリアフリー未対応のせいでお客さまを失っていたとは……。

中村さんの講演では、このくだりのあたりから観光事業者のみなさんの目が真剣になりはじめます。アッという顔をしている人は、もしかすると突然団体客を失ったお宿なのかもしれません。

私もこの話を聞いていて、背筋がぞっとしました。今まで多くの旅館の方に主に、私が書かせていただいた著書『接客革命』からいくつかお話させていただいてきましたが、接客以前に、障がい者を、お客さまとして考えていなかったのではないでしょうか？　それは接客の対象が減っていたということになります。

確かによく考え直してみれば、今の世の中に車イスや高齢者の数が増えているにも関わらず、旅館で見かけるお客さまも同じように増えているとは感じられません。つまり宿泊業界においては、お客さまのパイが小さくなっているということなのではないでしょうかと、恐ろしささえ感じてしまいます。

いったい、観光のバリアフリーマーケットというのは現在どのようになっているのでしょうか？

二の三、　乙武さん効果

ここ最近、障がい者など身体の不自由な人たちの旅行に出かける確率は急速に伸びてきています。その理由は、アクティブな障がい者が全国に増えてきたせいで、それを見た障がい者もまたアクティブになるというアクティブ影響のネズミ講みたいな良い循環が生まれてるからです。

とりわけ『五体不満足』の乙武洋匡さんの登場によるところが大きいと感じるので、ボクは、全てのアクティブな障がい者の行動による波及効果も含めて『乙武さん効果』と呼んでいます。

実は『乙武さん効果』という言葉、講演ではずっと乙武さんに断りなく使ってたんだけど、このあいだ乙武さんと会ったときに、名前使わせてもらってることの了解をとったので、もう文章にしてもらっても大丈夫です（笑）。

少し前までの日本社会では残念なことに、障がい者は、可哀想、恥ずかしい、他人に迷惑をかけるなど負の思い込みが普遍的にありました。とりわけそれは当事者や家族において強い思い込みだったから、障がい者は社会に出ることをはばかっていたんですね。

さらに障がい児を持つ親は、子どもが健常児と一緒の学校だと可哀想だからと、養護学校（現：特別支援学校）への分離教育を望むという図式になっていました。だからボクたち世代では、子どもの頃から長い間ずっと障がい者に会ったことがなかった。当時の人たちにとって、障がい者というのは社会にはいない人たちだったのです。

ところが、乙武さんと彼の親御さんはそんな常識には屈しなかった。乙武さんは普通学校に進学し、大学に進み、衝撃の『五体不満足』をひっさげて社会に躍り出てくれた。彼の出現は、ちょうどバリアフリー観光を検討し始めてたボクにとっても、力強い追い風になってくれた。もうほんとうに頼もしかった。乙武さん自身が、社会から障がい者に対する偏見を吹き飛ばす大きな風そのものだったのだと感じています。

その後の乙武さんの、教員やジャーナリストとして多方面に活躍する姿や、「障がいは不便だけど、不幸ではない」と断じて、立派な社会人として生きる姿勢は、ハンディという枠を超えて格好よかった。たくさんの障がい者に、人としての自信を与えたはずだと思うんです。

障がいがあることは可哀想でも恥ずかしいものでもなく、障がい者が他人に迷惑をかけるどころか、社会を構成する普通の一員であり、社会に役に立つ一国民なんだということを、日本国民に改めて気付かせてくれたのが乙武さんです。

とりわけ、障がい児を持つ親の視野は広がっただろうと思います。乙武さんの経歴は、分離教育ではなく普通学校を選ぶ道を照らし出しましたからね。その結果が、現在の普通学校一〇クラスに一人、〇・三%の障がい児が在校しているという現実に繋がっているんだと思うんです。

乙武さん効果は今後もさらに、社会に影響を与え続けるはずです。今後、アクティブに活動する障がい者の数はいったいどこまで伸びると思いますか？　厚労省によれば、障がい者のうち身体障害者の数は約三九四万人で人口の約三・二%なんだそうです（障がい者全体では六・二％）。例えば学校においては、障がい児の数は今の一〇倍、一クラスに一人を超えるまで伸びる可能性があるということですよね。

実際に分離教育を廃止したイタリアでは、普通学校に通う中学生のうち三・一％が障がい児なんです。日本もそうなったら、修学旅行でバリアフリー対応をしていない旅館を選ぶ学校はほとんどなくなってしまう。それはいつか将来に起きる出来事ではなく、今この時代に着々と進行中のことなんです。

そしてもちろん、普通学校に通う障がい児が増えれば、社会で普通に活躍する障がい者も増えますね。三〇年前には街で見かけることが稀だった車イスが、今ではそこかしこで見かけられるようになった。じゃあ一〇年後はどうなってると思いますか？ほぼ確実に五倍以上にはなってるでしょう。日本社会は急速にノーマライゼーション化しているんです。

中村理事長は障がい者のマーケットに関してこのように明快に述べるとともに、バリアフリー対応をしていない修学旅行宿がいかに危険な状況にあるかを示してくれたのです。しかしバリアフリー観光マーケット論は、まだこれでは終わりません。中村理事長の示すさらに大きなマーケットが、後期高齢者など高齢化によって身体の動きが衰えた人々のことなのです。

二の四、　後期高齢者マーケット

バリアフリー観光の計画時当初から、ボクが最も伸びると目を付けていたのは、障がい者よりも高齢者のマーケットでした。高齢になって車イスや杖に頼っている人はもちろんのことながら、それよりもごく一般的な高齢者こそが重要なマーケットなんです。

少し考えてみれば誰にもわかることだけど、ほとんどの後期高齢者（七五歳以上）は老化で身体能力が落ちているから、階段や坂がきついし、長く歩くことや速く歩くことができなくなってきてますよね。その方々にとって、若い頃にやっていた観光やレジャーと同じことをするのはもう無理なわけです。

旅行に出かけるとしたら、障がい者と同じように、エレベーターがあるかないか、トイレが洋式か和式か、食事がイス席か畳席かというようなことが気になっているのが後期高齢者。そのために、旅行やレジャーに出かけるのがおっくうになってる高齢者も多い。

このマーケットにおいて、バリアフリー観光地はそうでない観光地よりもはるかに有利になってるのは分かるでしょう。それどころか、外出がおっくうになっていた人たちを誘い出せるのはバリアフリー観光地だけなんです。

ほら、埋もれていたパイをまた一つ見つけた。このパイは大きい!

身体が自由に動かせなくなって出かけるのが心配になった人たちにとって、「バリアフリー対応」「バリアフリー観光地」といった言葉は、どれほど安心感のあることか。障がい者の人が楽しめる施設であれば、障がい者の人が宿泊できる施設であれば、きっと困ることはないだろうし、同行者たちに迷惑をかけることもないはずだ、そう考えるのは当然のなりゆきですね。

ちなみに現時点で、七五歳以上の後期高齢者の数は人口の約一二%を占めているし、六五歳以上では約二五%を占めているんです。これらの人口とバリアフリーマーケットは密接に結びついているので、高齢者マーケットがいかに大きいパイであるかが実感できるでしょう。

さらに、マーケットの大きさはそれだけではない。ここで、身体障害者の数である人口の約三%と、後期高齢者の数である人口の約一二%を足して、水族館に訪れた平均の同行者人数の係数四人を掛ければどうなるか？（三%＋一二%）×四で六〇%。つまり、もし身体障害者と後期高齢者が一般の人たちと同じ頻度で旅行やレジャーに出かけるようになれば、観光客の半分以上が、身体の不自由な人を含むグループになるという計算になります。

もちろん、これは外出機会が全員同じという条件を元にした数字のマジックですよ。しかしながら、やはり乙武さん効果によって、身体が不自由になってからも引きこもらず出かけようとする高齢者は急速に増えてきているから、まるっきり架空の数字というわけでもないんです。

現実にバリアフリー観光地として有名になった伊勢市の日の出旅館では、お客さんが一〇倍になるというようなことが実現したわけですからね。

集客一〇倍というとんでもない数字はいみじくも、けっして障がい者だけが増えたのではないことも証明していますね。ちょっと身体に不自由を感じている人、ほんの少し動作が遅くなってきている高齢者、あるいは妊婦やベビーカーの人たちといった、旅行にほんの少し不安のある幅広いみなさんに、集中的に選ばれたから実現した数字。それが、日の出旅館の集客一〇倍という結果なのです。

もう一つ観光産業界が知らずにいた顕著な例を紹介しておきましょう。バリアフリー観光に取り組み始めたときに、ボクはさまざまなところでヒアリングをして回ったのだけど、一五年も前のその当時に、すでにバリアフリーが当然になっていた業界がありました。それは結婚式場です。

結婚披露宴って、たいていの場合、二家族の親族ほぼ全員が参加するイベントです。だから、招待客に身体の不自由な高齢者や障がい者のいる確率がすごく高いんですって。それがたった一人であっても、バリアフリー対応でなければ、一〇〇人、二〇〇人といった披露宴客を逃すことになりますね。高確率でそんなことがあったら、お客さんは半減間違いなし。それで結婚式場は、早くからバリアフリー対応に心がけていたっていう話を、式場のオーナーから聞いたんです。

ブライダル専門の式場が出現したばかりの頃は、まだまだ旅館やホテルで披露宴をやるカップルが多かったのが、ある時から急速に逆転しはじめ、今や結婚式場での披露宴が主流になった。同じく、ご不幸時に関しても、お寺ではなく斎場で執りおこなうことが今の主流になっている。その大きな理由の一つが、式場や斎場のバリアフリー対応にあったとボクには思えてならないのです。

話を聞うかがっていると、中村理事長の言う巨大なマーケットの大きさは、どこまでも大きく広がっていくように思えてきます。

今までこのような分析でバリアフリーマーケットを評価した話を聞いたことがありませんでした。

ユニバーサルデザイン、バリアフリーは、観光業界の中でも語られることの多い近年のキーワードです。ユニバーサルツーリズム専門の旅行会社も多く出てきていますが、その多くは、介助が必要な福祉的な旅行のことを指しています。中村理事長の目は、それも含みながら、もっと大きな観光人口の半分もの人たちを見据えていたわけです。

改めて、障がい者と健常者を分けて考えることの愚かさに気づかされました。

観光地や集客業のみなさんには、このマーケットの巨大さにぜひ気付いてもらいたいんです。

よくね、「バリアフリー対応も大事だと思っていますよ、でも今は他にすべきことが山積してるんです」などと言われるんですよ。そう言う方々はきっと、バリアフリー対応は、UD化に金がかかるばかりで、集客に関係がないと考えてらっしゃるのでしょう。

でも、今まで説明してきたように、バリアフリー対応を行わないことは、知らないうちに客を失っている最大の要因の一つである可能性が高い。しかもわが国においてノーマライゼーション化の歩みは確実で加速度的だから、これからも知らないうちにどんどん客を失っていくことは間違いない。

そして逆に、先行してバリアフリー対応をしている伊勢志摩の事業者が、みなさんの失った顧客を、集中的にかき集めているという現実が目の前にあるんです。むしろ、他のどんな対策よりもバリアフリー対応こそ、まずやらねばならない最優先事項なんだと、ボクは思うんですけどねえ。

中村理事長から、バリアフリーマーケットの巨大さや、新しいパイをつくって独り占めする考え方を聞いて、日の出旅館の快進撃のヒミツがよく分かったのですが、それでも、一気に一〇倍という数字は旅館としてあまりにも凄まじいことなのです。そして、日の出旅館を訪ねたとき、訪ねる前に思い描いていたお客さま像とは大きくことなっていたということも驚きでした。特に旅行に不安がありそうでもない若い女子会風やカップルもいたということが印象に残ったのです。

本当は、バリアフリーマーケット以外にも何かヒミツがあるのではないでしょうか、その疑問を中村理事長にぶつけてみたところ、彼は、「え〜っ、それは集客プロデュース請負の中村元事務所の秘密のノウハウを注ぎ込んだんで、あんまり教えたないんやけどなあ……」と渋い顔をしながらも、そのわりには楽しそうに語ってくれました。きっと自慢のテクニックなのでしょう。

二の五、　ターゲットを明確にする売り方

今回の伊勢市バリアフリー観光向上事業は、伊勢市長の肝煎りの事業だった。ボクとしても絶対に結果を出さなくちゃならないと思っていました。できれば数値で表せるくらいに。それで、ボクが水族館プロデュースで使っているやり方を、いくつも補助的に投入したんです。本業ではそれで稼いでいるんだから、儲けにもならないこと

で使いたくはなかったんだけどね（笑）。

一番重要で、事業採択した全てのケースに取り入れたのが『ターゲティング』つまり、その宿泊施設が狙っているターゲット層を決めるということです。これを採択後の最初のアドバイスで必ず行うことにしました。

それも、「車イス」とか「杖使用」とかいう障がいの程度によるターゲティングだけではなく、「若いアクティブな障がい者」とか「高齢者夫婦」とか、人物像もはっきりとさせるようにしました。そこが中村元流水族館プロデュースのメソッド。

普通、客商売をやってる人たちは、客層は全ての人に、全国どこからでも来てもらいたいから、ターゲットを細かく決めたら損だと思いがちです。「全て」としたいのはつまり、我が施設を選択してくれる人の分母は大きい方が、当たりの可能性は高いという考え方なんでしょう。

それは一見道理のように思えるのだけど、実は逆に当たりクジの確立を低くしているだけなんです。客側の視点、顧客起点の選択基準で考えたらわかるでしょう、「どんな方にも満足していただけるようおもてなしいたします」って、全国のほぼ全ての旅館が言っていることじゃないですか。ということはつまり、お客さんが選ぼうとするライバルを多くしている結果にしかなっていないということです。

しかも、どんな人にも満足させられることなんて、まず出来きるわけない。特に、大女将一人しかいないような超古い旅館で、満足出来る人なんかほとんどいないって考えた方がいい。それを証明してたのが、楽天でのかつての日の出旅館の評価、なんと☆〇・五でした。☆一も見たことないのに〇・五ってちょっと衝撃でした。

それで、そんなに低い評価を付けながらもわざわざ書いてくれてあったレビューを一つ一つ読んだんです。「すきま風が寒い」「木の廊下がギシギシ言って気持ち悪かった」「洗面所も廊下って信じられない」「フロント電話しても応答なし」てそりゃひどい書かれようでした。

なぜここまでひどくなるかには理由があるんです。観光地の宿泊施設の場合、多くが一見さんだから、いったい日の出旅館がどういう旅館なのかみんな知らないわけです。年代物の木造旅館だということも、大女将が一人で切り盛りしているということも。それで、いろんな年齢層のいろんな嗜好の人たちが、それぞれ自分勝手な期待を抱いてやってくるのだけど、やって来て一目旅館を見た瞬間にイメージと違い、評価が悪くなるのは、それはもう当然のことでしょ。

ここは逆転の発想。間口を広くしていろんな人に選んでもらおうとするのではなく、こちらから客を選ぶべきなんです。それがターゲットを絞るターゲティング。

そんなわけで、日の出旅館のターゲティングは「伊勢参りの老夫婦でどちらかの身体が不自由」という、非常に細かい設定まで入れたものにしました。そして、そういうご夫婦であればきっと満足してもらえるユニバーサルデザインルームを新設し、それに合わせたバリアフリー化やサービスを構築してもらったのです。

もちろん、木造和風旅館だから、ユニバーサルデザインルームもベッドではなく畳の上の布団という方法で実現した。ここはこだわりどころです。木造旅館というのがこの旅館の弱点で、その弱点を他に負けない武器として使うのが、ボクの水族館プロデュースメソッドの特徴なのです。あえて、木造和風旅館であることを意識したわけです。

そんなターゲティングした「伊勢参りの老夫婦でどちらかの身体が不自由」な客がそんなにいるのか？　て思うでしょ。ハイ、そんなお客さんはいません。

少なくてもいいんです。ターゲティングしたお客さま像は、日の出旅館を満足してもらえるお客さまの「象徴」なんです。つまり、「伊勢参りの老夫婦でどちらかの身体が不自由」な客に合わせてリニューアルした日の出旅館は、「古い木造旅館ながら、ユニバーサルデザインなので老夫婦には気に入っていただけるでしょう。伊勢神宮（外宮）にも歩いていけるほど近い距離です」という旅館であることを表している。

そのことを、ホームページの案内やパンフレットに表明すれば、老夫婦ではなくても、木造好きな一人旅の若者、神宮に直近の宿を探していた家族、ちょっと歩行に不安のある壮年など、さまざまな世代さまざまな属性の人たちだけが、お客さまとしてやって来てくれるというすんぽうです。

さらに、バリアフリー対応で外宮に近いということと、実は伊勢市駅にも近いから、それをプロモーションするためのアイテムとして、『ユニバーサルデザインルームに宿泊の車イスのお客さまには、駅までのお迎えと、外宮参拝のお手伝いをします』というサービスをするように提案したんです。

これも水族館プロデュースメソッドの一つ。よその水族館にはない得意なことを、ちょっとした話題とストーリーに仕上げることで、マスメディアの関心を惹く。もしそのことを取材してもらえたら、バリアフリーに関係のないお客さまにも、立地のよさやおもてなしの心をアピールできますね。そして、実際にそのようなメディアの取材はいくつもあったんです。特別なサービスとかイベントとかは、それで直接集客することよりも、そのサービスやイベントで特徴を伝えるためのものとして使う方がはるかに大切なんです。

こうしたメディアへのパブリシティ戦略においても、バリアフリー観光はとても大きな力を発揮することになります。マスメディアは、宿泊業界の中から特別にどこかの旅館だけを持ち上げるようなことは絶対にやらない。でも、それが「バリアフリー」という社会に告知すべきことであれば話が違って取り上げてくれるのです。

あるいは、旅館の部屋の改装なんて、取り立てて報道する必要性ないのが普通です。

日の出旅館ＵＤルーム宿泊第１号お客さまを、外宮に案内する支配人。（現在はこのサービスはない）

でも、バリアフリー対応となれば、現代社会においてはスクープすべき内容ということにもなります。

北海道にいい例があります。我々の仲間のカムイ大雪バリアフリーツアーセンターは、車イスユーザーの冬のアクティビティとして、わりと暇だった犬ぞり体験の会社に頼んで、車イスのように乗れる犬ぞりや、介助者と共に乗る犬ぞりを作ってもらって、それをずいぶんアピールしました。

そうしたら、そのバリアフリー犬ぞりがマスメディアにウケまくって取材が殺到。北海道に数ある犬ぞり体験の施設の中で、最も放送されることの多い犬ぞり施設になってしまったのです。その次の年からは、一般の犬ぞり体験客が列をなして、予約が取れないという状況が今も続いている。

おかげで、バリアフリー犬ぞりを挟む余裕もなくなってしまった。でも、バリアフリーによるプロモーションが、いかに他の客の集客にも貢献できるかという非常に顕著な事例でしょ。

日の出旅館の奇跡的な成功は、こうしたいろんな仕掛けがうまく回って、障がい者や身体が弱って旅行に不安のあった人などに加えて、一般客も大幅に増えたことによります。

そして、気になるのが楽天の〇・五だった☆の数でしょう？ 今はなんと、☆四・五になってます。今利用してもらってるお客さんたちは、来られる前から、日の出旅館が古いことも木造であることも分かって、むしろそういうところに泊まりたいと思って来てくれている人ばかりですからね、それはもう当然の結果だと言えますね。

バリアフリー観光はなにも、特殊な世界ではなかったのです。中村理事長の考えの中では、優れた集客ノウハウの一つだったのです。

さらに、今までは福祉の世界として、社会から隠されていた障がい者やバリアフリーという言葉を、一般社会の当然のこととして陽に当てることで、観光のＰＲにまで使っていたのです。

実は中村理事長は、伊勢志摩バリアフリーツアーセンターを設立した当時、その手っ取り早いPRのために、事務局長の女性とそのボーイフレンドである車イスの男性の出会いの話を、バリアフリーツアーセンターに結びつけたストーリーをつくりってマスコミに流しています。

当時、障がい者と言えばお涙頂戴のドラマばかりだったのに対し、明るく元気になれる異色のストーリーは、世の中に新たな時代のドラマとして認知されました。

中村理事長の著書『恋に導かれた観光再生』を読んでみたのですが、女性の社会参画、若者の社会活動、障がい者の平等などが言われていた当時であれば、誰もが興味を惹く内容になっていました。しかし、じっくり読めば分かるのですが、実は、本当の観光再生は恋に導かれているのではなく、彼のマーケティング論に導かれていたのだということがわかるのです。

マスメディアが反応しやすい水族館づくりをすることが、本職の水族館プロデューサーで彼が使う、集客を最大限にする高度なテクニックなのです。彼は、そのテクニックを、バリアフリー観光でも存分に発揮していたのです。

第三章　パーソナルバリアフリー基準

この章では、だれも気付かなかった観光の新たなパイである「バリアフリー観光」を見いだし、官民あげて加速させる必要性を唱えた中村理事長があらたに個人個人の満足度が大切にされるべき全国のバリアフリー観光の統一基準として「パーソナルバリアフリー基準」を考案しましたのでご紹介いたします。

ここでは、バリアフリーツアーセンターの仕組みからバリアフリー観光に欠かすことのできないパーソナルバリアフリー基準について、さらには伊勢市バリアフリー観光向上事業による伊勢市の取り組み、さらには三重県知事による「日本一のバリアフリー観光県推進宣言」などについても詳しく語っていただきました。

中村理事長は、だれも気付かなかった観光の新たなパイを見つけたのです。しかしそのパイはまだ生地がこねられた程度の、いただくには形にさえなっていないパイだったのです。そのパイをどうやって美味しく焼いていただけばいいのでしょうか？

観光再生のアドバイスを生業にしているわたしにとって、隠れたマーケットの巨大さを知らされた瞬間から、その集客方法の秘密を解き明かさずにはいられなくなったのです。

冒頭の日の出旅館の衝撃は、旅館一つの努力ではないのです。その後ろに広がる、バリアフリーマーケットの集客システムこそが、全国の観光地のみなさんに知っていただきたいことなのです。

中村理事長が考えたバリアフリー観光地づくりの基本は、
①観光地のバリア情報を調べて、その情報を公開すること、
②お客さんからの相談に乗ってアドバイスしたり宿を斡旋すること「相談センター」を常設すること、
③観光地のバリアフリー化をアドバイスすること、
の三点セットなのだそうです。

その中で最も重要なのは、常時相談を受けアドバイスできる「相談センター」機能です。いわば、地元の正確なバリア情報を知り、お客さんの身体の状態を熟知している、地域エージェント（旅行店）のようなものです。

ここで働く事務局のスタッフの方々は、同時に、観光施設のユニバーサルデザイン化のアドバイスや、施設のスタッフへの対応のノウハウなどを指導することも行っています。

伊勢志摩バリアフリーツアーセンターは、バリアフリー観光のお客さま相談窓口であり、バリアフリー化アドバイスにおける観光施設の相談窓口でもあるのです。

三の一、バリアフリーツアーセンターの仕組みとは？

バリアフリーツアーセンターの発想は発明でもなんでもなく、カナダのウィスラーの実例から思いついたものです。なるほど、海外にはバリアフリー観光専用の地域エージェントがあるのか。日本にはどこにもないから、それを日本で最初に作れば、障がい者のマーケットは全部うちのものだな……と、単純に発想したんです。今考えるとあまりに無鉄砲な単純さなんですけどね。

そして実は、このとき別の大きな意義も考えていたんです。

バリアフリー観光の相談センターを作ることは、団体旅行頼みだった今までの「旅行会社主導の観光」システムから、観光地が主体となった個人旅行受け入れ拠点のモデルになるのではないかと。

日本の観光振興は、国策として大手旅行会社が主導してきたことで成長したことは疑いようもありません。旅行会社が旅行者をひとまとめの団体にして観光地に送客する団体旅行は、大型旅館や施設の建設の追い風となり、観光地は大きく成長し、新たな観光地が生まれることにもなりました。

ところが旅行会社主導の団体旅行は、全国の観光地を、旅行会社が扱いやすい画一的な送り先に平準化してしまうということでもあったんです。そこでは、観光地それぞれの特徴や施設の多様性、さらには宿泊施設の中の部屋やサービスの多様性などは無用なことになってしまうのです。

さらに困ったことに、観光事業者にとって、大量の団体客を送ってくれる旅行会社こそが一番大切なお客さまであるという文化が生まれてしまったのです。

ボクの考えでは、これらが日本の観光地が一気に疲弊した最大の原因です。どこに行っても同じ部屋に同じ料理なんだからね、最後には安値競争にしかならないのは当然のことです。

そしてあの頃ちょうど、団体旅行から個人旅行の時代へと移行し始めた時でしたから、ボクは、個人個人をお客さまと考えるバリアフリー観光の地域エージェントをつくることが、新たな観光の時代に対応する一筋の道だと思ったんです。

まあね、これもまた無鉄砲な構想だったんだけどね。


そんなわけで、伊勢志摩バリアフリーツアーセンターは、お客さん一人ひとりの立場に立って、伊勢志摩の観光を楽しんでもらうことを可能にする、いわばお客さんの代理を務める旅行会社のようなものにしたいと考えたんです。それまでの旅行会社の立場は、全国の観光地の代理として観光を売る、あるいは問屋となって観光を商品にすることだったので、お客さんの立場に立って旅行相談を受けるという考えはわりと画期的なことだったのではないかと思います。

さて、それを実現するにはどうすればいいか？　旅の相談センターである伊勢志摩バリアフリーツアーセンターが、伊勢志摩観光の魅力とともに、バリアフリー情報をしっかり掴んだ上で、お客さまの身体の状態や希望をやはりしっかりと理解すること。そうすることで、満足のいく旅行を提供できるはずです。

でもそれが、企画書で書いたようには一筋縄ではいかないとすぐに分かった。障がい者って、最初に考えてたほど分かりやすいターゲットではなかった……(笑)。

私は気づきました。まさに目から鱗です。今まで釈然としていなかったことの答えがはっきりとわかったのです。

全国の観光地がまるで金太郎飴のように同じだった理由、宿泊客それぞれへの接客が臨機応変にできない理由。実はそれは、観光業界を大きくしてきたシステムの副作用のようなものだったのです。

中村理事長が話しているのは、バリアフリー観光のことにとどまらず、新しい時代の観光そのもののあり方を示しているのではないでしょうか。

しかし、その新しい時代の観光地づくりとは具体的にはどのようにすればいいのでしょうか？　その答えもまたバリアフリー観光にあるのです。バリアフリーマーケットという限られたターゲットのように思われるお客さま。実はそれがまるで限られていないマーケットだったのです。

三の二、　パーソナルバリアフリー基準

バリアフリー観光の情報公開で大切なのは、バリアフリー施設の情報やユニバーサルデザインの場所を公開することではないのです。そんなものを公開しても、ほとんどの場合役に立たないし、だいたいみんなが行ってみたい観光スポットや街並みは、ユニバーサルデザインでないことの方が多い。

例えば、伊勢志摩には伊勢神宮という、伊勢志摩の観光客にはぜひ訪れたいスポットがあります。伊勢神宮をお参りするには、長い砂利道を歩かねばならないし、最後には石段を登らねばならない。それは健常者にとってもかなりのバリアです。

でも、そもそも神宮はそのバリアによって聖域を保っているからこそ神宮であり得

ている。そして神宮自身にとっては観光スポットではなく神様をお祀りしている神域なのです。神宮を訪れる観光客いや「参拝者」は、その神域を歩き、本殿にたどり着くことも含めてお伊勢参りの魅力と感じ、そこに非日常の清々しさや満足が成立しているわけです。

そのようなスポットは、伊勢神宮以外にもたくさんあります。金比羅宮の参道、海洋レジャー、ウインタースポーツ、古い街並みに、由緒ある旅館など、観光においてバリアはむしろ楽しみの一つとしてあることが多いんです。

ほら、外国語できないから海外旅行に行かないっていう人はいませんよね。むしろ言葉の壁があるからこそ楽しかったりするのです。

そこで、伊勢志摩バリアフリーツアーセンターをはじめとする、全国のバリアフリー観光地の相談センターは、バリアフリーを紹介するんではなく、「バリア」を調査して公開するという方法を取っています。その上で、利用者の相談に対応するというのが、相談センターの基本です。この方法をボクは、『パーソナルバリアフリー基準』と名付けました。

この『パーソナルバリアフリー基準』を開発したことこそ、バリアフリー観光の道を拓くことができた大きな一歩だったのです。

ウィスラーのバリアフリー観光からはもう一つヒントを得ていました。それは、バリアフリー観光の地域エージェントのスタッフが障がい者だったということです。

障がい者というお客さまを扱える専門家は、障がい者そのものではないか？　最初は単純にそう思っただけなのだけど、車イスの副理事長に聞いたところ、「車イスマークとか、行政のＵＤマップとかは嘘ばっかり。旅行に出かけるときには、旅行先の車イス仲間を探して、その人に聞くのが一番」と言うのです。

そこで、それならば伊勢志摩バリアフリーツアーセンターは、地元の障がい者がバリアフリー調査をして、障がい者や介助の経験のある者が相談員になるのが、最も信頼されるに違いないと考えたわけです。実に単純な考えだったけれど、これが大正解でした。

副理事長に障がい者仲間を集めてもらって、バリアフリー観光の「専門員」になっ

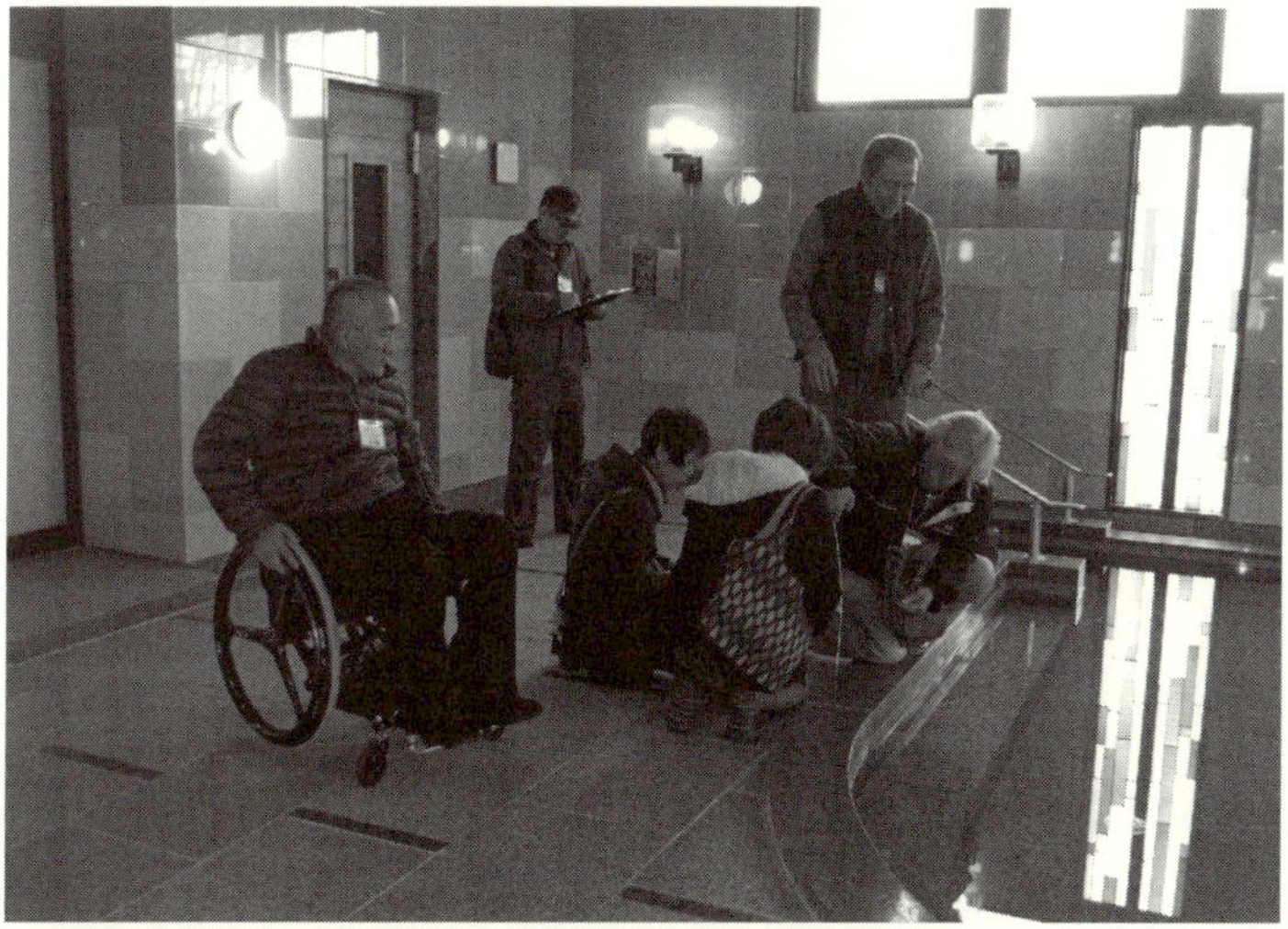

障がい者が加わった調査なので小さなバリアも見逃さない。

スロープは傾斜角や距離も計測。

- 専門員による調査。

調査は事務局スタッフと専門員（主に地元の障がい者）によって、すべてのバリアを明らかにしていく。

てもらい、さてさっそくバリアフリー調査の方法をみんなで話し合おうという会議をしたときのことです。専門員たちから、バリアフリー調査をするならバリアフリーの基準が必要だという意見が出ました。

確かにそれは当然のことなので、その基準をみんなで考えてもらうことにしたんです。ところがすぐに意見がまとまらなくなってしまった。なぜかと言えば、そこにいる障がい者たちそれぞれが、自分的バリアフリー基準を持っていて、それがみんな違っていたからです。

段差ひとつとっても、「ボクは一センチ」「私は五センチ」「いやいや一〇センチは乗り越えられる」なんてね、それぞれ勝手なことを言い出したわけです。

そんな場合普通は、最大公約数の一センチを基準にすれば、全員がOKになるでしょうが、と思いますね。ところが、それこそが日本で間違ったユニバーサルデザイン「みんなが使える」とするユニバーサルデザインがはびこるようになった原因なのです。だいたい、「みんなが」であれば、段差一センチでもだめで、平坦なところしか選びようがない。

でもさっき言ったとおり、観光地にバリアはつきものなんです。「みんなが使える」を基本にしていたら、結局はバリアフリー観光なんて実現できるわけがありません。そして、五センチとか一〇センチを主張する専門員は別にワガママで言っているのではなかった。それは、「一〇センチの段差を三つ越えれば行くことの出来る灯台がある」「入口の五センチの段差さえ越えれば美味しいレストランを紹介できる」という理由があったのです。

ここでボクは初めて気付いたんですね。旅行者にとってバリアが基準になるのではなく、行きたいところや、やりたいことがまずあり、その後にそれぞれの体力や状況があるのだと。そこで考えた言葉が、それぞれの人を基準にする『パーソナルバリアフリー基準』だったのです。

伊勢志摩バリアフリーツアーセンターのスタッフや専門員たちはこう言います。「障がい者の数だけ、バリアの数はある」と。つまり、すべての障がい者にとってバリアは違うのです。

そんな経緯を経たので、パーソナルバリアフリー基準においては、①地元の障がい者が参加して、②「バリア」を調査する、ということを義務づけています。

障がい者の数だけバリアの数がある……、初めて知りました。聞かされるまで気付かずにいました。しかし、その事実は、中村理事長も当の障がい者の方たちでさえ、バリアフリー観光に取り組んで初めて知ったことだったのです。

それに気づいた時、バリアフリー観光の構想はかなり危うかったのではないかと思います。

実は中村理事長は、すぐさまパーソナルバリアフリー基準の考え方を編み出したわけではありません。かなり困ってしまい、とにかく何か言わないとどん詰まりだと思い、「じゃあ、個人を基準にしたらええやんか」ととりあえず逆転の発想的なことを言ってみたのだそうです。

でも言ってみたらなんとなく行けそうなアイデアに思えたので、さらに、格好を付けるため「パーソナルバリアフリー基準」と英語にしてみたと笑っていらっしゃいました。

発想を変えるための言葉が先にできて、その方法を考えたら、バリアを明らかにするという方法にたどり着いたのです。

なんというか、こうなるともう執念でしょうか。中村さんの水族館プロデュースの著書『常識はずれの増客術』(講談社+α新書)に、「逆境からアイデアは生まれる」「崖っぷちに立てば裏道が見つかる」といった言葉が次々に出てくるのですが、ここでの崖っぷちを、バリアフリー観光でありながら、「バリアフリー」を調査するのではなく「バリア」を明らかにするという、目から鱗の逆転の発想で乗り切ってしまう。まさしく常識はずれの面白さではないでしょうか。

目から鱗の「パーソナルバリアフリー基準」でしたが、相談センターができ実際に運用し始めてみると、さらに発見があったのです。中村理事長と事務局のスタッフの方々は、新たなノウハウを開発しては、パーソナルバリアフリー基準の骨組みにしていきます。ここからがさらに面白いのです。

三の三、　パーソナルバリアフリー基準が可能にしたこと

実のところ『パーソナルバリアフリー基準』というのは、いわゆるバリアフリーの基準というよりもバリアフリー観光の思想のようなものだったのだけど、その後さらに発展させることで、「バリアフリー観光地を成功させるための基準」という意味において、十分確かな基準として確立させることができました。

さらに大きな発見がありました。パーソナルバリアフリー基準の基本、「バリアフリーの基準を旅行者その人にする」という考え方においては、実はバリアの有無より先に、旅行者が観光に何を期待しているか？　の方が大切になると発見したのです。それを具体的に説明しましょう。

パーソナルバリアフリー基準で利用者からの相談を受けて宿泊施設を紹介するときには、

①まず、何を目的とした旅行なのかを尋ねてから、身体の状態などを尋ねる。

②宿泊施設とのマッチングは一軒だけを決めつけるのではなく、複数紹介して選んでもらう。

という方法をとっています。

身体の状態よりも先に、旅行の目的の方が大切なのは、お客さんがユニバーサルデザインなところへ訪れたいと思っているのではなく、伊勢志摩の何かに魅力を感じて、それを満喫したいと考えているのが当然だからです。

美味しい食事を期待しているのなら、食事の美味しい旅館を紹介しなくてはならないし、目的の観光地や施設があるならば、身体が不自由な人のいる旅行の場合はできるだけ近い方が、時間的な制約がなくなりますからね。

利用者によって、その目的や期待はやはり千差万別、それこそ旅行者の数だけ、求めている観光の数があると言っていいでしょう。バリアフリー観光だからと言って、特別なユニバーサルデザインばかり求めているというわけじゃないですよ。若いアクティブ障がい者の一人旅などでは「安い旅行を目指してるので、料金さえ安ければ、ユニットバスでもかまわない」というリクエストが多いのだそうです。これって一般の若い旅行者と一緒ですよね。

複数の宿泊施設を紹介する理由は、元々は宿を選ぶところから旅の醍醐味と考えたからなのだけど、実はそれがもっと大切なことに対応でき、しかも利用者の満足度に大きく関わってくることが分かりました。というのはね、旅行の目的によっては、障がい者当人の身体の状態に関わらずバリアがなくなることがあるのです。

例えば、温泉が大好きだったお婆ちゃんが車イスになり、息子たちが旅行に連れてくるとします。だったらお風呂は当然、車イスで入ることができ異性による介助も入ることのできる、つまり貸切風呂があることが望ましいでしょう。そのときに、数段の階段を超えなくてはならないけれど、露天の貸切温泉がある旅館も紹介すれば、ほとんどの息子さんが、その露天貸切温泉のある旅館を選びます。

そりゃ当然ですよね。温泉大好きなお婆ちゃんを満足させるためなら、息子たちにとって数段の段差なんてバリアでもなんでもない。

事前に納得しているバリアはバリアにならない。つまり、バリアを調査して提示するということは、状況によってバリアを消失させることにも役立つわけです。

そして、さらにもう一つのとても重要なことにも気付きました。バリアフリーツアーセンターを通して行うこの紹介や斡旋は、利用者の満足を高めるだけでなく、宿泊施設におけるトラブルのリスク回避にもとても役に立つんです。

例えば、先ほどのお婆ちゃん一家にとっては、数段の階段のある露天風呂もバリアフリーになってしまったけれど、その話を聞いて、重量のある電動車イスの障がい者と家族が同じ旅館に行ったら、数段の段差は、もうどうしようもないバリアになります。人によってバリアは違うのです。

でも旅館の側には、そのことを事前に察知して断るすべはほとんどない。たとえ察知したとしても、旅館の方から、どんな車イスなのか、身体はどんな状態なのかなんて、うまく聞き出せないし、その尋ね方によってはそこでトラブルが起こることもけっこう多いんんです。

お客さまの方でもまた、自分の障がいの状況を、障がい者のことを知らない人に説明するのは面倒で、何よりも見ず知らずの他人に障がいのことを言いたくない人の方が多かったりする。

でも、必ず相談センターを通して予約するようにすれば、そういう問題はまったくなくなります。相談センターでは障がいのことにも旅館のことにも精通しているスタッフが、なんでも的確に尋ねることができるし、旅行者の方でも障がいのことの専門家相手ならば気持ちよく話をすることができますから。

その電動車イスのお客さまにもまた、パーソナルバリアフリー基準で、①旅の希望を聞いて、②複数の旅館を紹介する、の順で相談に乗れば、お婆ちゃんの一家が満足していた旅館は、当然選択肢の中には入ってこないでしょう。

この仕組みは他にも、例えば、エレベーターが一機しかないホテルには、車イスが複数のグループを紹介しないとか、大声が出てしまう人たちの団体には全館貸し切りできる旅館を紹介するとか、さまざまなことにトラブルも面倒もなく対応できます。

つまり、旅館一軒だけでバリアフリー対応しようと思うと、トラブルを抱えるだけになるけれど、パーソナルバリアフリー基準の相談センターがあれば、その地域全域で、ほとんどの旅行者に対応した、宿泊のそれこそユニバーサルデザインが実現するわけです。

これが、パーソナルバリアフリー基準による「宿泊施設のリスク回避」です。

実はボク、パーソナルバリアフリー基準にこの「リスク回避」という側面があるっていうことには、最初ぜんぜん気付いていてなかったんです。

我々の仲間である佐賀嬉野バリアフリーツアーセンターの会長小原健史さんが、大きな旅館の経営者で、全旅連（全国旅館ホテル生活衛生同業組合連合会）の会長も長らく続けていらっしゃった方です。その小原会長が、今まで全国の旅館で起こった障がい者客や障がい者団体客とのさまざまなトラブルというより事件になったケースをよくご存知で、もしそれらの事件のあった地域にバリアフリーツアーセンターがあれば、事件は絶対に起こらなかっただろうとおっしゃるのです。

小原会長には「旅館業法」についても教えていただきました。旅館業法では、旅館に部屋が空いていて、それでも宿泊を断ることができるのは、伝染病に罹ってるか、とばく行為や風紀を乱すおそれがあるときの二つしかないらしいのです。

ということはつまり、対応できないと分かっていても、障がい者だからと言って宿泊を断ることはできません。そのために、旅館の側も旅行者の側も不幸なトラブルが起こったり、聞き取り時点の言葉の使い方一つでトラブルになったりということが頻繁に起こってしまうらしいのです。

さらに、障がい者だからと言っていい人ばかりではありません。トラブルを狙ってやってくる当たり屋みたいな輩だっているんです。そいつらは、旅館業法を逆手にとって、料金を踏み倒したりひどいときには慰謝料を求めたりする。

ところが、伊勢志摩バリアフリーツアーセンターはもう一三年間もサービスを続けていて、今では年間七〇〇件を超える相談を受けていながら、センターを通して紹介した案件では、まだ一度もトラブルは発生していないのです。これは小原会長によれば、驚異的な実績なんだそうです。

実は一度ならず、当たり屋的な障がい者が、狙われた旅館から回されてきたことがありますが、そのときにもスタッフがパーソナルバリアフリー基準で対応し続けたせいでボロが出て、しっかり回避することができました。

実は、小原会長が佐賀県嬉野温泉でバリアフリー観光に取り組もうと決心された理由の一つには、これからのノーマライゼーション社会における新たなリスク回避に、バリアフリーツアーセンターとパーソナルバリアフリー基準が不可欠だと考えられたことも入っているんです。


パーソナルバリアフリー基準は、旅行者の相談センターというだけでも、それまでになかった画期的な思想と仕組みでしたが、中村理事長にはもう一つ、どうしてもやりたいことがあったのです。それは、三重県に提案したときからすでに計画に入れてあった「バリアフリー化のアドバイス事業」つまりコンサルタント業です。

伊勢志摩バリアフリーツアーセンターを、地元観光事業者や行政の、バリアフリー化やユニバーサルデザイン化における相談センターにもしようと企んでいたのです。

三の四、　パーソナルバリアフリー基準によるバリアフリー化

バリアフリー観光地として受け入れ体制をつくるには、とうぜん、調査して相談に乗るだけでは不十分です。交通や道路のユニバーサルデザイン化はもちろんのこと、観光事業者によるバリアフリー化への努力があってこそ、日本唯一のバリアフリー観光地と宣言することができる。

そして、ユニバーサルデザイン化、バリアフリー化のアドバイスをすることは、これからの日本で立派なコンサルタント業として収益事業に繋がると考えていました。実のところ、三重県から補助金をもらえる約束の期間が過ぎたら、事務局スタッフの給料や活動費の手当ては、そのコンサルタント料をメインにするという事業計画も立てていたんです。

実は、ボクには一つ最初から計算していたことがあって、それは、最初のバリアフリー調査をする宿泊施設を、極力少なくするということでした。設立当時は確か六軒

ではなかったかかな。無理して調査に入るお願いをして受け入れ宿泊施設を増やすよりも、障がい者や高齢者をお客さんとしてどうしても受け入れたいと言う宿泊施設だけにした方が、トラブルも少ない。

そしてなによりも、設立したばかりのバリアフリーツアーセンターでは利用者も少ないはずだけど、紹介する宿泊施設が少なければ、それぞれへの送客実績は、他の宿泊施設の目に止まるだろうというのが、ボクの計算でした。

その計算が功を奏するときがやってきたのは、思っていたよりも早く、設立から二年目のことでした。鳥羽市内の「扇芳閣」という旅館の専務が、伊勢志摩バリアフリーツアーセンターの活動に理解と期待を示し、部屋を改修するのに際して、伊勢志摩バリアフリーツアーセンターのアドバイスを、有償でお願いしたいとの申し出をしてくれたのです。

ボクは当時、東京で水族館プロデューサーの仕事がやっと軌道に乗りかけていたところだったため、どうしても参加することができなかったのだけど、そのせいで野口事務局長がめいっぱい力を入れて、事務局スタッフだけではなく、専門員(障がい者）にも集まってもらって、障がい者起点による改修のためのアドバイス委員会を結成したのです。

このとき、ボクが参加できなかったのはラッキーでした。ボクが中心になっていたら、そのような専門員が中心になった大がかりなアドバイス委員会をつくることはなかったからです。

パーソナルバリアフリー基準を十分に理解し、その目で旅館のいくつものユニバーサルデザインルームを調査してきた専門員の面々は、実にユニークかつ機能的に優れた部屋を実現させてくれ、ボクにも衝撃と感動を与えてくれました。

彼らの考え方は、それまでのボクには考えもつかない発想で、それはこんな具合でした。

a.「部屋の中に手すりがたくさんあると、リハビリセンターや介助施設を思い出すから、せっかくの旅行のときには目立たない方がいい」

……なんと！　手すりを見たくない？

それを実現するために、彼らは、手すりが必要な人には手すりと見え、手すりが不要の人には飾りの幅木に見える、太くて引っかかりのある幅木を付けるという手法を考え出したのです。

そのため、この部屋には福祉施設のようなイメージはもちろん、いわゆるUDルームのようなイメージさえありません。むしろ広くてさまざまなものが揃っていることで、特別室のイメージが強いのです。

b.「旅館なんだから、ベッドだけでなく、車イスでも畳敷きの間が欲しい」
……車イスなのに畳の部屋がいい?

普通、旅館の畳敷きの部屋は、上がり框の段差があり、車イスの車輪が畳を痛めるために、車イスユーザーにはバリアになりがちです。しかし彼らが提案したのは、車イスの座席と同じ高さの畳の小上りでした。それなら、車イスから簡単に移乗でき、畳の上で着替えたりくつろいだりができます。おまけにその小上りには、本来の床から高さがあることを利用して、掘りごたつも付けました。

車イスのシートの高さは、健常者にとっても座りやすい高さです。年配の方の靴の脱ぎ履きにも負担のない座った姿勢で行えて好都合だし、女性の長いブーツにも便利な高さとなりました。

c.「景色のいい大浴場には車イスで行けないので、外が見えないバスルームのバリアフリー化よりも、小さくても景色の見える露天風呂を部屋に付けて欲しい」

……部屋露天？　そんなムチャな！

このワガママも聞き入られ、わずかな幅しかないベランダに、一人用の小さな信楽焼のバスタブが設置されました。バスルームのUD化より安価です。更衣室からバスタブまでは、腰掛けたまま移動のできる長いベンチまで設けられました。

しかも、一段高くなった畳の小上りは、ベランダに置いた信楽焼きのバスタ

鳥羽市扇芳閣のＵＤルーム。パーソナルバリアフリー基準による改修で増客の成果を最大にした。

ブの高さとほぼ同じで、部屋から直接入浴できるようにもなったのです。

小さな湯船ですが、部屋付き露天風呂です。障がい者でなくとも、景色を眺めながらの入浴は気持ちのいいもので、長湯しすぎてのぼせた方には、長いベンチが涼み場所として人気になりました。

画期的なアイデアはいくつもありましたが、ボクにとって最高に衝撃的かつ感動的だったことがこの三つです。

いずれも、車イスのスタッフたちが中心になって提案したことながら、健常者にとっても魅力的で素敵な部屋に変貌したことがすごいと思いませんか？　障がい者にも健常者にも便利で美しい、これこそが、「できる限り多くの人が使え」＋「美しくデザインされているから普及しやすい」ユニバーサルデザインの本来の姿ではないでしょうか。

そしてなによりもボクには、彼らの思考回路に新たな刺激を受けました。

車イスユーザーだからこそ、

・旅行に来たときには、無粋な手すりだらけの部屋には泊まりたくない。

・旅館なんだから、畳の上でくつろぎたい。

・せっかくの鳥羽なんだから、海の見えるお風呂に入りたい。

つまり、彼らはめったに出かけられない障がい者の旅行だからこそ、「だれもが使える」ことよりも、「だれもが楽しみたい」旅行の魅力を優先したいのだということを、ボクに示してくれたわけです。

これです！　一般的なユニバーサルデザインの常識を打ち破るこの発想こそが、パーソナルバリアフリー基準の本質であり、奇跡の集客を起こす重要なメソッドなんです。

このようなことは、健常者はもちろんのこと、一般の障がい者にも考えることはできません。彼らは専門員として、いくつもの宿泊施設のバリアフリー調査を行ってきただけでなく、伊勢志摩バリアフリーツアーセンターの調査条件として、専門員の一〜二名が実際に宿泊体験も行うという、旅を楽しむ方法での評価も行ってきました。その、体験の成果がこうして実を結んだのだと思うのです。

地元の障がい者に専門員になってもらうと決めたことは、思わぬところでも大きな成果を上げました。正直なところ、このような成果があるとは、ボクの計画書には書いてはありませんでした。計画した本人にも予想できない奥深さ、パーソナルバリアフリー基準はマジですごいぞって、興奮するほどに嬉しかったですねえ。

バリアフリー観光を提唱し、地元の障がい者を仲間にすることを考え、「パーソナルバリアフリー基準」を開発した中村理事長が、衝撃を受けたほどの、障がい者目線のバリアフリー観光の事実。

中村理事長の講演を聴いた人たちから必ず出る、「目から鱗が取れる話でした」「今まで思っていたユニバーサルデザインの常識が一八〇度変わりました」という感想は、このあたりエピソードで最初のクライマックスを迎えることになるのです。

私自身、最初にいきなりバリアフリーマーケットの海に放り込まれただけで、その巨大さに気が動転するほどの衝撃を受けていました。いったいその未知の海を渡るのにはどんな覚悟とテクニックが必要なのかとドキドキしながら話を聞きました。

ところが未知の海はとりたてて不思議で怖いものではなかったのです。ただただ、旅行を楽しみたいお客さまのために舵を取ってさえいれば、素晴らしい航海を経験できる、あたりまえの海だったのです。

そのあたりまえはしかし、パーソナルバリアフリー基準の思想があったからこそ行き着いたあたりまえのことなのです。十数年も前に、誰も気付いてなかったこのあたりまえにたどり着いた、中村理事長と伊勢志摩バリアフリーツアーセンターのスタッフそして専門員の皆さんに心よりの賞賛を贈りたいと思います。

さて、扇芳閣のＵＤ（ユニバーサルデザイン）ルームは、障がい者がアドバイザーとなって完成したということが話題になって、いくつものテレビや新聞などで頻繁に取り上げられることになりました。

普通は旅館の部屋の改装などニュースにもならないのですから、それだけでも特筆すべき伊勢志摩バリアフリーツアーセンターの効果なのですが、それと同時に、話題のＵＤルームが、今までによく見かけた、まるで病院のようなＵＤルームではなく、旅行者のためのバリアフリーなＵＤルームとして知られることで、一般の方々にも認知され、扇芳閣では最も料金の高い部屋でありながら、最も稼働率の高い部屋となったのだといいます。

扇芳閣は、このことに気をよくし、新たにもう一回り広いＵＤルーム改修を行い、さらに集客を増やしたそうです。

三の五、　伊勢市バリアフリー観光向上事業

伊勢志摩バリアフリーツアーセンターにとって、このときに専門員たちが開発したテクニックは、それから一〇年経った現在でも、パーソナルバリアフリー基準による改修の心得として、またさらに磨きをかけたテクニックとして大きな財産となっています。そして、扇芳閣でのアドバイス料は、実際に効果を上げた前例として、リアルにお金を産む財産にもなりました。

実は、伊勢市の「バリアフリー観光向上事業」も、少し遠回りをしながら、この扇芳閣のUDルーム開発が基本となっているんです。

まず、扇芳閣のUDルーム新設による快進撃は、佐賀嬉野バリアフリーツアーセンターの目を惹くこととなりました。そこで佐賀県は宿泊施設のUD化改修費に対して、半額四〇〇万円までの補助をする事業を行いました。この半額四〇〇万円の上限は、

扇芳閣の改修工事費総額八〇〇万円から割り出されています。

そして二〇一一年度と二〇一二年度、今度は伊勢市が佐賀県の事業を参考にして、やはり上限四〇〇万円で工事費の半額を補助する「伊勢市バリアフリー観光向上事業」を計画したのです。ただ一つ、佐賀県の事業と大きく違うところがありました。

それは、この事業の推進とコンサルタントの業務を、伊勢志摩バリアフリーツアーセンターに委託してくれたことです。さらにその過程で、バリアフリー改修の基準には、パーソナルバリアフリー基準を使うことにも合意してもらうことができたのです。

これは実に画期的でした。年間予算二千万円もの補助金支出の決定やアドバイスを、NPOが開発した基準を基にNPO主導で行うということですからね。もちろん伊勢志摩バリアフリーツアーセンターはコンサルタント料が入るという契約です。

それまで同様の補助事業はボクの知ってる限りでは、東京都と佐賀県の二都県のみ、そして改修の基準はどちらも都県のユニバーサルデザイン条例に基づいていました。その前例をひるがえして、パーソナルバリアフリー基準に基づいて執行される全国初のケースになるのです。

いやもう、それは燃えました。そして、この事業を実現してくれた市長にも担当課にも絶対に恥をかかせない、全国に誇ることができるものにしようと決意しました。その結果が、日の出旅館の快進撃というわけです。

パーソナルバリアフリー基準に基づいたバリアフリー改修が優れているのは、本来のユニバーサルデザインに基づいた、「出来る限り多くの」宿泊客にとって魅力ある旅館にできることです。

行政によるユニバーサルデザイン条例は、公共施設の建築や改修の時の指針にすることを目的にしているので、不特定多数のそれこそ全ての人たちが使えることを想定しています。そのため、どうしてもバリアが無いことが最優先となり、大工事であったり美観は後回しであったりは当然のこととなります。

そしてそのような条例を基準にして宿泊施設を改修すると、たった八〇〇万円の上限では、お風呂一つをユニバーサルデザインにするだけで終わってしまうようなことになりがちです。たとえそのお風呂に行くまでがバリアだらけでも関係なし（笑）。

公園などでよくある、車イスでたどり着けないUDトイレのようなものです。

改修予算をできるだけ低額に押さえ、より有益なものにするためにはやはり、公共施設のための条例によるユニバーサルデザインではなく、旅館を訪れるお客さんを基準にしたパーソナルバリアフリー基準を拠り所にするべきでしょう。旅館という施設は、その旅館を選んでくれる人が快適に過ごすことができることだけが大切で、その人たちにさえバリアがなければ十分なのです。

もちろん、旅館も不特定多数の様々なお客さんを受け入れる施設なのだけど、伊勢志摩には、利用者が相談できるバリアフリーツアーセンターがあって、パーソナルバリアフリー基準によってお客さまと宿泊施設をマッチングするシステムになっているのだから、対応できないお客さまがやってくることはありません。

パーソナルバリアフリー基準で運営された相談センターがある限り、バリアフリーの対応度をどのくらいにするのか随意に決めることができるし、その方が地域全体での、お客さま満足度の高い、「バリアフリー対応能力の多様性」が強化されるのです。

そんなわけで日の出旅館の例でお話ししたように、この事業では改修のアドバイス時に、バリアフリー化によって狙うターゲットを必ず想定することにしました。それぞれの宿泊施設において、駐車場から玄関、部屋、トイレ、入浴、食事に至るまで、あるタイプの人には一貫して満足してもらえるバリアフリー改修です。「あるタイプの人」を決めるところから入るようにできたのは、パーソナルバリアフリー基準ならではの特徴です。

例えば、伊勢市バリアフリー観光向上事業に取り組まれた「おく文」という老舗の料理旅館の場合、こちらは料理旅館なので利用者のメインは宿泊客よりも食事や会食のお客さまでした。そこで、バリアフリー化によるターゲットも、一年目は「歩行困難な高齢者らを含む家族や団体」に加えて、「法事などの会食利用団体」という具体的なターゲットを狙うことになりました。

このターゲティングによって改修の中心となるのは、食事の広間とそこに繋がる玄関からの経路、そしてトイレです。宿泊やお風呂を伴わないその規模の改修であれば、比較的低予算でバリアフリー化が可能です。パーソナルバリアフリー基準だからこそできる考え方ですね。

おく文がバリアフリー化改修を終えて、その検収に車イスの専門員と訪れた際に、せっかくだからと昼食に、おく文自慢の鰻重を、お庭の美しい改修された広間でいただきました。すると、専門員が「今度のうちの法事、私がいるから場所がなかなかきまらんかったんやけど、ここでさせてもらお！」と言い出したのです。バリアフリー化だけでなく、料理旅館らしい美味しい鰻重と美しい庭が決め手になったんだと思います。そう、障がい者もレジャーの目的はユニバーサルデザインを楽しむことではないんです。

おく文さんも、この一年目でバリアフリー化による集客に手応えを感じられ、二年目にもエントリーされて、今度は宿泊者のための浴室にもバリアフリー化を拡げられました。

●無料アドバイス

「伊勢市バリアフリー観光向上事業」にはもう一つ、他県にはない優れた特徴がありました。それは、この事業に参加する宿泊事業者は、改修工事を行う行わないに関係なく、その年度の間、伊勢志摩バリアフリーツアーセンターの無料アドバイスをいくらでも受けられるという制度です。

この制度によって、半額の自己負担資金が調達できないところは、工事をしなくても補助具の購入や人的介助によってバリアフリー化ができます。あるいは一年目にはバリアフリーツアーセンターの様々なアドバイスを受けてじっくり検討し、二年目の事業年度で改修の申請をするということもできます。バリアフリーツアーセンターの方でも、この制度によって、コンサルタントの受託範囲が大きくなるので、収益事業としてのメリットが出来ました。

ただし、この無料相談制度や補助金制度を受けるには資格が必要です。その資格というのは、パーソナルバリアフリー基準の精神を学ぶ勉強会を受講することです。

とにかく、やみくもにユニバーサルデザイン化をしても意味がありません。バリアフリー観光の対象者の巨大なマーケットを知り、パーソナルバリアフリー基準の思想と仕組みを知り、その上で「うちの旅館にも、高齢者や障がい者のお客さんがいっぱい来て欲しい！」と思ってくれた宿泊事業者だけに、この事業を受ける資格があるとしたのです。

そう思ってくれた事業者であれば、大規模な工事ができなくても、アドバイスする意味があるし、実際に送客する安心感もできるからです。

このような画期的かつ実行力のある協働事業を実施するために、伊勢市観光企画課の担当者にはたいへんな苦労があったことをよく知っています。ボクも色々と提案はしたものの、正直なところ、そのまま提案が実現することはないだろうと、ちょっと悲観的に予想してたんです。ところがなんと伊勢市バリアフリー観光向上事業は、最も理想的な形で実行され、奇跡的とも言える結果を出すことに成功しました。この事業を成し遂げた伊勢市には心よりの賞賛を惜しみません。

おかげで、それまでの伊勢市には伊勢志摩バリアフリーツアーセンターからのお客さまを送客できる宿泊施設は限られていたのですが、式年遷宮で賑わった二〇一三年には、安心して送客できるたくさんの宿泊施設がありました。センターが取り扱った利用者数も最大に伸ばすことができたのです。

この伊勢市の事業は本当に実のある事業として有名になったので、お隣の鳥羽市でも鳥羽市観光協会長から市に、伊勢志摩バリアフリーツアーセンターによる無料アドバイス事業の実施を要請してくれました。二〇一三年からは鳥羽でも、観光事業者に無料アドバイスを提供する事業を、受託することになったのです。

伊勢市と同じように勉強会を受けた者だけが無料アドバイスを受けられるという方法だけど、鳥羽市の場合にはその対象を宿泊施設だけでなく、観光施設一般にまで広げました。伊勢市のようなバリアフリー化改修への補助金はないものの、勉強会を受講していただいたみなさんは一様に、バリアフリー観光に目覚め、集客増を目指して自助努力によってバリアフリー化をなさっています。

伊勢志摩バリアフリーツアーセンターをバリアフリー化コンサルタントに育てようと考え始めてから一〇年余り、やっと、実績を生み収益も生むようになりました。NPO活動の資金的自立、これはなかなか大変なことなんです。

伊勢市バリアフリー観光向上事業の成功は、火を見るよりも明らかです。日の出旅館の大女将が、もし、この勉強会に参加されていなかったら今頃はもしかすると廃業を真剣に考えていた頃かもしれません。バリアフリーの専門家から知識を得ることの重要性を行政も参加者も認識できたことだけでも、この事業の成功を意味しているといっても過言ではありません。どんなに素晴らしい事業でもそれを利用する者がいなければ絵に描いた餅になってしまいますから。伊勢市は最も理想的な形で、この事業を見事にやり遂げたわけです。しかもそれらは奇跡的とも言える結果をも生み出したのです。伊勢市のバリアフリー重要視の先見の明と、その実行力には頭が下がります。

三の六、　旅館のおもてなしが向上した

ボクはバリアフリー観光を、身体の不自由な旅行者の獲得としてのみ捉えるのではなく、さまざまな観光再生に活かすことができると考えていました。その一つが先ほど話した、旅行会社主導の団体旅行から観光地主導の個人旅行への対応だったのだけど、これが今どうなっているかをまあちょっと聞いて下さい。

まず十数年前といえば、団体旅行全盛の時代が長かったことで、旅館や観光施設は、本当のお客さんが誰なのかを見失っているという状況になっている時代でした。

旅館を例にかみ砕いて言うと、旅館にとって実際に泊まる団体客は処理すべき「案件」であり、その団体を送ってくれてお金を集めてくれる旅行会社こそがお客さんだと考えていました。

同時に、旅行会社の方でも、旅館に送るのは「団体」という商品で、送ることで手数料を稼ぐことができる、つまり旅行会社にとってのお客さまは旅館だったのです。

結局これは、本当のお客さまはだれからもお客さまと思われてなかっていうことですよね。

ボク自身が何度か経験しているんだけど、そこそこ立派な旅館に泊まって、食事後にラウンジとか行ってみる。すると、一番いい席には、旅館のオーナーとか支配人とおぼしき人が、旅行会社のバッジを付けた添乗員を接待してるのが見えるわけ。カラオケのあるラウンジだと、その席の添乗員とオーナーばかりが優先的に歌が回っていくとかね（笑）。

おいおい、本当の客がここにおるんやぞ！　って、どんだけボクを苛っとさせたことか。その光景って、全国どこでも見られる、お客さま無視の象徴的な例でした。この話を旅館の主にしてあげると、全員が全員苦笑いされますよ。

まあ、そんなことが長く続いていたら、個人客時代になってきたときに、本当のお客さまにちゃんとした接客なんてできなくなるのは当然ですよね。

津田さんの著書『接客革命』が売れるのも、おもてなしの講演に呼ばれるのも、一人ひとりのお客さんへの接客の方法が分からない旅館や施設が多くなっているからでしょう?。

オーナーは従業員に「おもてなしが大切だ、おもてなしの心を持て！」とかハッパをかけるけど、そもそも「おもてなし」なんていうものには具体的な形もなければ評価の基準もない。もっと言えば、人によっておもてなしの方向性も満足度も違う。いくら「おもてなしの心を」とか言っても、その心がどんなものか説明できない上司が、部下に教えられるわけがないんです。

さて、旅館がそんな情けない状況からなかなか抜け出せないでいた頃、伊勢志摩バリアフリーツアーセンターが初めてUDルームを有償で指導した扇芳閣。その扇芳閣の専務がある日ボクにこんなことを言ったんです。

「元さん、バリアフリー観光に取り組んでよかったですわ。実は最近な、今までクレームしか書かれたことなかった部屋置きのアンケートに、『従業員の方の気配りに感心しました』とか『スタッフの方のおかげで気持ちよく過ごせました』とかいう、従業員誉めの言葉が突然増えてきたんですわ。書いてくれてるほとんどが一般のお客さんからなんやけどな、でもこれ、バリアフリー観光始めてからなんです」と。

彼の分析では、伊勢志摩バリアフリーツアーセンターから送客があると、そのお客さんに対して気をかけるポイントなどの対応情報も一緒に入ってくるので、お客さん一人ひとりに対しての心構えの持ち方が具体的になった。ところがそれが、一般のお客さんへの気配りにも発展しているというのです。

扇芳閣では、センターのスタッフによるバリアフリー講習会も開いたのだけど、その時に、車イスのお客さんのサポートの仕方や、視覚障がい者の先導の仕方などのサポートの方法だけではなく、サポートをするときには、必ずまず声をかけることなどの基本的なマナーも知ってもらいます。

そしてうちのスタッフは何よりも、身体の不自由なお客さまを「正しく一人前のお客さまとして扱うことが最も重要」と強調するのです。

例えば、車イスのご主人と健常者の奥さまのご夫婦がいらっしゃった場合、たいていのフロントは健常者の奥さまとばかり話をします。たとえ、奥さまがいちいちご主人に尋ねながら答えていても、それでも奥さまとしか話さないフロントだっている。これはもう車イスのご主人を一人前扱いしていないということの現れなわけです。

こういうときに、ご主人と奥さまのどちらがこの旅館を予約したのか？　どちらのお財布で支払をするのか？　そういうことを、障がい者か健常者かなど関係なく観察しないと、チェックインの時点ですでにお客さまの気持ちを下げてしまいます。

そういったことを従業員のみなさんに知ってもらうのですが、よく考えてみて下さい。そんなことバリアフリー観光じゃなくても、商売上手な商売人なら必ずやってるイロハのイでしょ。そういった最も基本的で大切なことを、バリアフリー観光によって気付き、一般客に対してもできるようになるから、接客力向上に繋がるというわけです。

おもてなしは、接客をする人によって生まれるものです。そのために「おもてなしと笑顔はタダ」などとしたり顔で言う人が多いのですが、それこそ言うだけなら誰でもタダでできることです。おもてなしは、人によってしか提供できないからこそ行動が難しいのです。

あるいは、ホスピタリティという言葉だけが先行し、意味を理解せずに「いまや、時代はホスピタリティだから、おおいにホスピタリティを発揮してどんどんお客さまを増やしてください」と従業員に命じる人がいます。言われた部下は「何をどうやったらよいのやらさっぱりわからない」などということが多々見られます。「ホスピタリティを発揮して」ではなく「何をどのようにしなさい」と、より具体的に指示してあげる必要があります。例えばレストランでは「コップが半分になったら水を足してください」とか。ホスピタリティを理解し、行動できるようになるまでは徹底して指示することが望ましいのです。いちいち言われなくても誰でもできるわという声が聞こえてきそうですが、できるようでできないのが、ホスピタリティなのです。普段から、ケーススタディを丁寧にやっておくべきではないでしょうか。

このように通常、ホスピタリティの上質な旅館や観光施設は、オーナーや指導者の個性的な教えにより育っていることが多いのですが、従業員それぞれに自発的に育つという、このバリアフリー観光には驚きました。☆〇・五から☆四・五に評価が急上昇した日の出旅館でも同じことが起こったのでしょう。

一人ひとりを基準にしたパーソナルバリアフリー基準、中村理事長の言うように、バリアフリーツアーセンターが、観光地主導型の観光体系を牽引する可能性はあるように思えてきました。

ところで、この話に出てきた扇芳閣の専務（谷口徹氏）なのですが、ぜひ取材をしたいと思ったのですが今は病床にあるといいます。

扇芳閣の専務、谷口徹くんにはその後、伊勢志摩バリアフリーツアーセンターの副

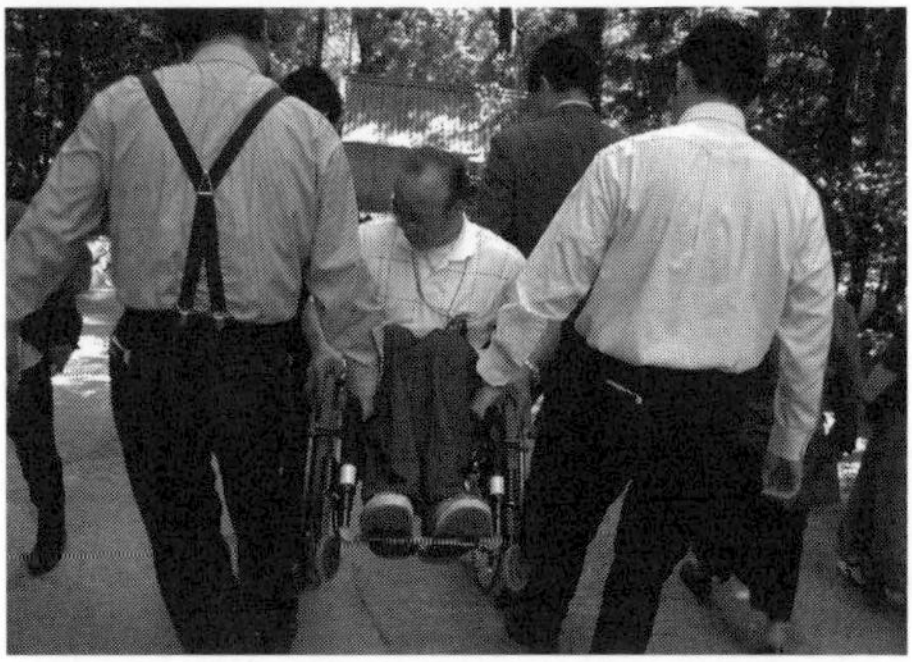

[上]バリアはおもてなしの心で解消できる。

[下] 車イス de 伊勢神宮参拝プロジェクト。バリアが大切な場所で無理にユニバーサルデザイン化を進めることはない。

理事長にもなってもらいました。彼は全旅連青年部の役員もしていたので、接客改革まで起こすこの素晴らしいバリアフリー観光を、全国の旅館に導入してもらおうと、精力的に普及に回ってくれていたんです。ところがなんということか、本人が脳幹出血で倒れてしまい、それから今に至るまで長いこと意識が戻らないのです。

ボクが予定してたのは、できるだけ早く彼に伊勢志摩バリアフリーツアーセンターの理事長を譲り、ボクは日本バリアフリー観光推進機構だけに集中するという計画だったんです。だから、早く目覚めて欲しいと願っています。

三の七、　三重県知事による「日本一のバリアフリー観光県推進宣言」

最近の中村さんは、日本バリアフリー観光推進機構の理事長としての顔の方が多いように思います。全国のバリアフリー観光地の全てを繋ぐ共同体の理事長なのです。しかし、伊勢志摩バリアフリーツアーセンターの事業拡大も手を抜かずに着々と進めています。

現在の伊勢志摩バリアフリーツアーセンターは、三重県全体のバリアフリーツアーセンターとしても活動しています。

そして、式年遷宮の直前二〇一三年六月二一日、第三回バリアフリー観光全国フォーラム伊勢大会の会場で鈴木英敬知事が「日本一のバリアフリー観光推進県宣言」を高らかに宣言したのです。

実はここにこそ、伊勢志摩バリアフリーツアーセンターが、戦略的に一歩一歩道を歩んできたことを証明するエピソードがあります。

全国各地でバリアフリー観光地をつくるお手伝いをしてきましたが、その場合、たいていは県単位や広域的な観光地域単位での取り組みを推奨しているんです。なぜかと言うと、県外からやってきた観光客にとっては、伊勢市と鳥羽市と志摩市の区別なんか分からない、というよりもどうでもいいことだからです。いや、実際のところは地元の人でも、道を走っていて、どこからどこまでが伊勢市なのか的確に言える人なんていないのです。

ところが、観光客が頼りにする観光協会というのは、きっちりと行政区画単位であるんですね。だから、伊勢志摩の場合は、伊勢神宮にお詣りに行って鳥羽や志摩に宿泊するというパターンが多いのだけど、伊勢市観光協会に鳥羽の宿泊施設を紹介してくれって言えば、それは鳥羽市観光協会に聞いてくれということになる。逆に鳥羽市観光協会に伊勢神宮のおはらい町のことを聞いたら、それは伊勢市観光協会に聞いてくれって言われるでしょう。

それは確かに、伊勢市観光協会は伊勢市の税金と伊勢市の事業者の会費が事業費になっているんだから、伊勢市の旅館を紹介せずに鳥羽市の旅館を紹介してたら、何をやってんだ！　てなことになるのは当然でしょう。

でも、お客さんの立場で考えてみれば、なんだかたらい回しにされてるみたいな気がするし、そもそもどこからどこまでが伊勢市なのか鳥羽市なのかも分からないのだから、これではまったく、顧客起点になっていないわけですよ。

それでボクは、観光客の顧客起点でサービスするためには……つまりそれはお客さんが安心して満足するためにはということだけど、行政区画を無視して、できるだけお客さまが想像しやすいエリアでの相談サービスができなくてはダメだと考えているんです。行政エリアのバリアフリーということですね。

佐賀嬉野バリアフリーツアーセンターの設立を指導させてもらっていたときには、佐賀県からの事業費であったとしても、長崎空港や佐世保、ハウステンボスなどの長崎県のバリアフリー情報も調査するように勧めました。なぜなら、嬉野温泉に最も近くて便利な空港は長崎空港だし、ハウステンボスも佐世保の九十九島も隣町といっていいほどの距離にあるからです。

長崎観光の旅行者には、嬉野温泉は長崎の温泉だと思ってもらった方が集客には有利なのは当然です。そして、旅行者にとっても、長崎にバリアフリー観光の相談センターがない現状では、バリアフリー対応がしっかりなされている嬉野温泉が、長崎観光の宿泊に便利なのだと分かってもらえたらとてもありがたいことです。

そもそも、佐賀県も長崎県もかなり小さな県で、観光客にとっては「九州のああたり」的な感覚です。実際ボクはかなり前から、長崎の水族館を訪問するときには、たいてい嬉野温泉に宿泊していたんです。

つまり、佐賀嬉野バリアフリーツアーセンターが戦略的に、佐賀県・長崎県の分け隔てなくバリアフリー観光情報を発信し、相談に乗っている限り、センターのある嬉野温泉は、佐賀と長崎の観光地の中心になることもできるということです。まあ言ってみれば、嬉野温泉が中心のバリアフリー観光圏。

観光地が主体となった観光振興、観光客一人ひとりに対応する顧客起点の観光とは、その気になってしっかり対応すれば、そこまで戦略的に組み立てることができるのです。そしてそれもまた、今までなかったバリアフリー観光を先駆的にやっている地域だけが可能な、新たなパイの創造の一つだとボクは提案しているんです。

さて、しかし、そんな広域的な規模の計画が、スタート時から行政とともに実現できるのは、伊勢志摩バリアフリーツアーセンターという成功前例と、パーソナルバリアフリー基準という完成されたアイテムがあり、ボクが伝道師として認められているからなんですね。

ところが、そのような前例も指導者もいなかった伊勢志摩の場合は、設立の時はもちろん、今もまだ、バリアフリー観光の「開拓者」であるという宿命を負っているんです。どこまで行っても実績はあるけれど前例はない。だから、一歩一歩足固めをしながら進んでくるしかありませんでした。

伊勢志摩バリアフリーツアーセンターの設立は、二代前の三重県知事、北川正恭氏のムチャ振りから始まったわけですが、北川県政が終わった後の知事とは折り合いが悪くて、助成金もバッサリ切られてしまいました。知事に名指しで嫌われるんやからオレって大物（笑）。

でもその間に我々は、国の交付金事業に採択されたり、緊急雇用の事業を獲得したり、他地域のバリアフリーツアーセンターを立ち上げるお手伝いでお金稼いだりして、いろんな実績を積みながら事業を続けてきました。

そして、二〇一一年に「新しい公共支援事業」を見つけたときに、これや！　と思った。ＮＰＯからの提案型の事業で国の交付金をもらえる、しかも二年間連続というのが魅力的でした。

この事業で、今まで伊勢志摩内で積み重ねてきた実績と、他県でバリアフリー観光地づくりをお手伝いしてきたノウハウを活かして、三重県全域にまで伊勢志摩バリアフリーツアーセンターの活動範囲を拡げようと考えたのです。知事もちょうど現在の鈴木英敬知事に代わった年で、ここで新しい時流をつくることが、伊勢志摩バリアフリーツアーセンターの将来を決めることになるだろうという予感があったのです。

このときに提案した事業名が「日本一のバリアフリー観光県づくり」でした。採択競争率一五倍の難関だったけれど、今までの実績に加え、その成果がどんな形になるかが鮮明に見えていたので、不採択になる気はまったくしていませんでした。最終審査が終わったときには、審査員の方から「あんな不敵な笑顔浮かべながらのプレゼン、中村さんにしかできえへんわ」と誉めていただいて（笑）、抜かりなく採択されました。

ボクが考えていた「日本一のバリアフリー観光県づくり」事業のあらましは、
●ミッション1：三重県に点在する全国的な観光地、忍者の伊賀、松阪牛の松阪、熊野古道の熊野などで、今まで他県の観光地で成功させてきたバリアフリー観光開発の鉄板スタイルの講習会を行い、それぞれの地域で、バリアフリー観光に取り組む観光事業者と、その地域の専門員を育てること。

●ミッション２：新たに育てた専門員によって各地のバリアフリー調査を行い、伊勢志摩バリアフリーツアーセンターで、情報発信と相談センターの業務を行う。

という二本立てでした。

そうして二年間の「日本一のバリアフリー観光県づくり」事業が終了した直後の二〇一三年度に、日本バリアフリー観光推進機構が主催する、第三回バリアフリー観光全国フォーラムを伊勢の地で開催したのです。

このおり、鈴木英敬知事に全国フォーラムへの協力をお願いしたところ、快く引き受けていただき、その支援の形が、知事による「日本一のバリアフリー観光県推進宣言」となったというわけです。

知事の宣言は実に最高の支援となりました。日本におけるバリアフリー観光発祥の地であり、日本一のバリアフリー観光地として知られる伊勢志摩。その伊勢志摩を擁する三重県が、これまた日本で初めて知事によって日本一のバリアフリー観光県であり続ける旨、宣言してくれたのです。我々が事業を行ってきた県内各地でも県議会内でも、急速にバリアフリー観光への注目が集まることになりました。

その後は三重県との間で、日本一のバリアフリー観光県推進に関わる協働事業が生まれ、一年目の二〇一四年度は三重県のバリアフリー観光ガイド『みえバリ』の編纂発刊、二年目を迎える現在も、新たな事業への取り組みが始まろうとしています。

そしてこの知事宣言が与えた影響は、三重県内への影響だけではないんです。全国のバリアフリー観光地のある都道府県に、強いライバル心を燃やさせることになりました。おそらく、これから各地で次々に同様の宣言がされることになるでしょう。さらに、取り組んでいない地域は焦っているはずです。

観光の新たなパイ（マーケット）を開発し始めてから一四年、ついにこれから、新たなパイの争奪が始まると思うのです。それは、伊勢志摩バリアフリーツアーセンターにとっても望むところ。バリアフリー観光ではどこにもに負けえへんぞ！　みたいな気持ちが、今は三重県全県に生まれたのですから。

構想から現在に至るまで、伊勢志摩バリアフリーツアーセンターは常に「開拓者」であることを強いられ、さらに波瀾万丈の環境の中で活動してきたのだけど、結果的にはそれが現在の勢いになっているのだと思います。

そもそもボクの人生に順風満帆の時期が長く続いたことなんてなくて、まあ今の追い風もいつ嵐に変わるかはわからないんだけど、理念と展望をしっかり持って、時代の折々の戦略を立てることさえできれば、この面白い社会づくりはいつまでも続けられるのではないかなあって、わりと楽観してます。なによりも、前例のない開拓者でいること、こんなに面白いことはありません。教えてくれる人もいなければ、指針もない、これはホントに退屈しません（笑）。


伊勢志摩バリアフリーツアーセンターの華々しい活躍を見ていると、中村理事長たちはこの時代の寵児のように思えてならなかったのですが、どうやらその道は棘の草原を突き進むごとく、厳しい道だったようです。パイオニアであること、常に先頭を走っていることというのは、そういうものなのでしょうね。

それにしても、そんな苦労話をしてくれる中村理事長の目は、苦しそうでも辛そうでもなく、キラキラと輝いている。そして、ときおり見せる彼のトレードマークであるどや顔（笑）。

苦しさも含めて、中村理事長にはよっぽど楽しい活動なのだろうと思えてなりません。そしてその楽しさの一つが、続けて話してくれた「ノーマライゼーション社会の実現」なのです。

三の八、　バリアフリー観光でノーマライゼーション社会への道

実はボク、バリアフリー観光による観光集客だけを目標にしてるわけではないんですよ。

「日本におけるノーマライゼーション社会の実現」というテーマが、もう一つの大きなモチベーションです。

ノーマライゼーションというのは、弱者を救済するという福祉の概念がもっと平等な姿に進化したもので、「障がい者と健常者が区別されることなく、社会生活を共にするのが正常なことであり望ましい」という北欧発祥の思想です。この考え方の下では、もちろん、分離教育など愚の骨頂ということになりますね。

そして、ノーマライゼーション社会に惹かれる理由は、自分自身が障がい者を一人前の一人として見ていなかったという恥ずかしい過去によるものです。伊勢志摩バリアフリーツアーセンターの副理事長は車イスなんだけど、彼との出会いがあるまでは、正直なところサービス業を営む者として障がい者の客が怖かったんですよ。

障がい者に対して「どうしてあげればいいのか？」「余計なことしてあげると気分を害されるんではないか？」そんな風に考えてました。社会的弱者である未知の人に何かをしてあげなくてはならないという感覚だったんですね。それはボクが、障がい者は人として不足しているところがある人というように認識していたからだと思うんです。

ところが、車イスの副理事長と知り合ってから、「なんや、こいつらもスケベで飲んだくれでアホばっか言うてる、オレと一緒の人やんけ!」と分かったわけです。その瞬間から障がい者が怖くなくなりました(笑)。

でもね、ボクが最初に思ってた障がい者が怖いっという感覚というのは、多くのサービス業の人たちが今も持ってる感覚だと思うんです。これはなんとかせなあかん、気付いたボクが社会の常識を変えなくちゃあかん!と思い始めたのが、ノーマライゼーションへの強いモチベーションです。

このノーマライゼーション社会をつくるという目的は、それがうまく達成できたとしても、その効果を具体的に実証するのが難しいものですね。ところが、バリアフリー観光では、その効果というか結果が具体的に見えてきてるんです。

現場で活躍してる事務局長が、利用者の声を伝えてくれるんですが、その中にボクにとってはすごく感動したエピソードがいくつかあって、それこそが伊勢志摩の社会でノーマライゼーション化が急速に進んでいる証拠です。

ボクの一番のお気に入りのエピソードが、車イスのお客さまがうどん屋に入ったときの話です。

伊勢志摩には「伊勢うどん」という、柔らかくてふわふわの麺に、真っ黒なつゆをかけた独特のうどんがあって、伊勢うどんを食べるのはお伊勢参りの楽しみの一つです。ただ、伊勢うどんは安価な食事なので、うどん屋さんもそれほど立派な建物ではない。このエピソードは、そういう伊勢うどん屋さんに入ってみた車イスの観光客の話です。

その伊勢うどん屋さんは、入口にもちょっとした段差があったのだけど、お客さまは無理して車イスで入ったのだそうです。お客さまの話では、そういうお店ではわりと多い頻度で、いきなり店員から「あ〜、うちは車イスはちょっと無理なんです」などと言われることがあるんですって。すでに入店できたのにも関わらず。

そしてそうでない場合でも、ほとんどのお店で、店員が初めて見る車イス客にどう対処すればいいか分からずちょっとしたパニックに陥るのだとか。

ところが、その伊勢うどん屋さんでは、出迎えた店員がどう見ても学生アルバイトっぽいお兄ちゃんだったのに、慌てることも顔色を変えることもなく平然と、一番

近いテーブルのイスを二つ外して「いらっしゃいませ、どうぞ〜」と言ったのだそうです。（イスを二脚のかせる知識があったとこがポイントね）

そのさりげないごく当然のような振る舞いに、お客さまはいたく感動し、「私の人生の中であんなに自然だったことはなかった。このまちに住みたいと思った」と言ってくださったという話です。

このエピソードを聞いて、ボクはもう有頂天でした。これこそノーマライゼーション社会の実現じゃないですか。ボクが水族館で障がい者を怖がっていたのと対極にある正しい社会の姿。こんな世界をボクは夢描いていたんです。

もう一つのボクのお気に入りのエピソードは、やはり車イスのお客さまが、内宮の門前町「おはらいまち」を通っていたら、今まで一度ももらったことのなかったチラシやら試食品を、次から次へともらって、すごく嬉しかったという話。その方が言うには「世間はどうせ、障がい者はお客さんではないって思ってるんだけど、ここでは一人のお客さんとして認められた気分だった」とのこと。

こういったことは、実は、伊勢志摩という観光地が、障がい者に慣れっこになっているからという単純な理由によるものなんだけど、かといって一朝一夕に成し遂げられるものではありません。

その課程は、まず、伊勢志摩バリアフリーツアーセンターの専門員が調査に出かけるということから始まります。気軽に話したりアドバイスしてくれる専門員と接することで、障がい者を怖いと思わなくなるのです。そして、バリアフリー観光で有名になって障がい者が増えることで、ますます慣れてしまう。障がい者を一人前のお客さんとして認識できる新たな規範が生まれるのです。

今まで長い間、分離教育によって障がい者の正体を知らずにいた日本で、伊勢志摩の商業者たちやおそらく市民においては、障がい者も普通の人、一人のお客さまなんだという認識があるというのは素敵なことだと思わないですか？

このようなまちに住む市民は幸せです。障がいや高齢で不自由な身体で外出しても嫌な思いをすることはなく、それ故に外出機会も増えます。それは商業者にとってもお客さまが増えるということであり、他のまちよりもマーケットが膨らむということなのです。

ノーマライゼーション社会、それは、限りなく多くの市民が身体の不自由さに臆することなく暮らすことができ、商業のマーケットが拡大する社会だと、ボクのまちづくり道楽心はそんな風に満足しているんです。


バリアフリー観光によって、日本社会をノーマライゼーション化するというのが中村理事長の野望だったのです。実を言うとそもそも「ノーマライゼーション」という言葉さえ初耳だったのですが、話を聞いていると、なるほど！　と実感できることばかりなのです。バリアフリー観光は福祉ではないということ、マーケットを拡大すること、それは社会というものの範囲を拡大することに他ならないのです。

日本を代表するような企業は、企業理念の一つに必ず「社会への貢献」といった意味の言葉を入れています。しかし観光業でそのようなことに真剣に取り組んでいる企業はあるのでしょうか？　社会のおこぼれを拾っている限り、観光業に未来はないのです。中村理事長は、その観光業の未来をバリアフリー観光をもって、社会づくりとしてとらえていたのです。世の中のひとたちが、みなこのような考え方ができていたら、日本のバリアフリー観光への理解は、もっともっと深まっていたでしょう。

そして、そのような中村理事長の考えを実際に具現化したのが伊勢市です。鈴木健一市長の決断は、もしかすると今後の観光地、いや日本社会の進むべきありかたを示しているのかもしれません。

三の九、伊勢市長の決断

バリアフリー観光がノーマライゼーション社会への道であることをきわめて戦略的に、日本で初めて政策に使ったのが伊勢市長です。鈴木健一市長、かつてボクが主宰していたNPO活動の若い衆だった彼は、当時の仲間からはスズケンと親しみを込めて呼ばれてる（笑）、まあそれほどに若い市長です。

そんな若いスズケン市長が就任して最初に直面したのが、伊勢市の超高齢化現象でした。伊勢市の将来に大きな危機感を抱いた彼は、未来の伊勢市のために、人にやさしいまちづくりの政策を発表したのです。ところがこれが、市民、特に経済界の反発を招きました。そんな未来の話よりも、四年後の式年遷宮に向けたまちづくりの方が大切だろうが……というのが反発された理由で、そりゃまあそうだとボクでも思うのですが（笑）。

そこでスズケン市長がひねり出したのが、人にやさしいまちづくりの実現のためにバリアフリー観光を使うことでした。さっき話した、社会のノーマライゼーション化というのは、市長が思い描いていた人にやさしいまち伊勢市そのものでしたからね。

まず一つ目の政策として打ち上げたのが、日の出旅館やおく文の成功が代表する「伊勢市バリアフリー観光向上事業」でした。実は伊勢市は、旅館のカテゴリーでは、伊勢志摩（伊勢市・鳥羽市・志摩市）の中で最も遅れていて、バリアフリー対応をしている旅館は、二見地区の大石屋という旅館だけという状況でした。

大石屋さんは、伊勢志摩バリアフリーツアーセンター設立時からの数少ないパートナーで、設立当時から伊勢方面の数少ないバリアフリー観光対応旅館として、内容も集客実績も非常に優秀な旅館なんだけど、平成の大合併以前は伊勢市ではなく二見町だったんです。

だから、旧伊勢市の宿泊施設も含めて、式年遷宮前にバリアフリー対応をさせ、式年遷宮のときには高齢者の観光客を増やすというスズケン市長の政策には、誰からも文句の付けようがなかった。さらにその政策が大成功したのだから、観光関係者からの支持は厚くなります。

そしてさっき話したように、そのようなバリアフリー観光の成功は、確実にノーマライゼーション社会への導きとなります。スズケン市長は、式年遷宮対策やら観光産業の発展やらを劇的に実現させて見せながら、しっかり人にやさしく住みよい伊勢市づくり実現への道筋を付けていたのですね。

さらにスズケン市長は、人にやさしいまちづくりへの、もっと市民サイドに立った政策も同時進行させていました。観光の方では「伊勢市バリアフリー観光向上事業」を推進していましたが、同時に障がい福祉課の方でも「伊勢市障がい者外出支援事業」という、市民の使う商店街や商業施設のバリアフリー化事業も行っていたのです。

実はその事業も、伊勢志摩バリアフリーツアーセンターがアドバイザーになっていたんです。ふつう市の福祉系の部署が商店街のことに乗り出したら、誰が考えても福祉のための行政指導って写りますよね。でもそのアドバイスが、集客を第一目的にする伊勢志摩バリアフリーツアーセンターによるものであれば、それはもう商店街の利用者である地域住民にやさしいという基準だし、商店街にとっては利用者拡大のためのアドバイスに他ならない。

つまりここでもスズケン市長は、伊勢志摩バリアフリーツアーセンターの実績とパーソナルバリアフリー基準を利用してくれたわけです。

「人にやさしいまちづくり」というような抽象的な政策を推進するのにあたって、そのための具体的な基準を持ち行使することができる組織があるというのは、行政にとっては道を多極化できるというメリットがあるということです。

スズケン市長がなぜこのことに気付き、ここまでやり遂げられたのか？　それは彼自身が市民活動家だったからではないかと想像しています。市長は今でも伊勢志摩バリアフリーツアーセンターの活動には一会員としてボランティアに駆けつけることもある、伊勢市民そのものなんです。

ボクは常々、バリアフリー観光は、行政・企業・市民を繋ぐ事業であるとともに、行政の観光・商業・福祉・教育などの縦割りを市民の手によって横軸で繋ぐ事業だと主張してるんですが、それを行政の側から具体的に実現してくれた初めての首長こそが、スズケン市長でした。

これは、ボクが賞賛してるだけじゃなくて、けっこうスゴイことなんですよ。今は全国の自治体からバリアフリー観光向上事業の視察やヒアリングに、続々と伊勢市役所への視察団が来ています。伊勢志摩内の宿泊のバリアフリー対応で最も遅れていた伊勢市が、今やバリアフリー観光によるまちづくりで日本一になったというわけです。

スズケン市長の英断は、首長がその気になれば、どれほど遅れていても、しっかり遅れを取り戻し、先頭を走る牽引車になることも不可能ではないといういい例だと思います。

三の一〇、　ハード整備だけではないバリアフリー

ユニバーサルデザインとは元々が建築やモノづくりのための思想ですから、おおよそハードのデザインだと言えます。ところが観光地というのは、歴史的な施設や、荒らされていない自然や、特別な場所など、そもそもバリアだらけなことが多いものです。誤解を恐れずに言えば、観光地や観光スポットの多くはバリアが魅力であるとさえ言えるんです。

だから、パーソナルバリアフリー基準を知らない観光事業者は、観光のユニバーサルデザイン化と聞いただけで腰が引けてしまいます。

だれにも利用可能なユニバーサルデザインを建築的に実現しようとしたら、莫大な改修資金が必要になるのは当然です。しかもそれによってお客さまが増えるという確約もないし、下手をしたら一般のお客さまを遠ざけてしまうおそれがあると考えてしまうのが普通ですよね。

だからこそ、バリアだらけの観光地では、ハードによるユニバーサルデザインだけではなく、バリアを解消するバリアフリーの考え方がとても重要です。そんないい例が伊勢志摩にはいくつもあります。

【ミキモト真珠島の場合】

ミキモト真珠島はご存知のとおり、養殖真珠を発明した真珠王御木本幸吉が、世界初の養殖真珠を成功させた鳥羽湾に浮かぶ島。真珠の博物館の他、厳選された真珠製品を販売し、真珠による宝飾品の美術館あり、御木本幸吉の記念館あり、昔ながらの海女ショーありと、世界中から観光客がやってくる施設です。

しかしながら島というのは海がバリアなんですね、海上の高いところを渡された橋で渡らねばならない。そしてその橋には構造上エレベーターが設置できなかった。つまり、古くからの歴史的な島であるが故に、ユニバーサルデザイン化も難しいというわけなのです。

ところが、ミキモト真珠島は他の施設に先駆けてバリアフリー観光のスポットとなって、障がい者だけでなくベビーカー利用者も年々増えているんです。そのヒミツは、非常にアナログな人海戦術です。

まず、エレベーターを造ることのできない橋の入口では、車イスのお客さまをスタッフがエスカレーターに乗せて補助します。島内は平坦だし、建物もほぼＵＤ化されているからその入口の部分のお手伝いだけで十分です。

ただし、ここにあるレストランは、高級感のある分厚いテーブルが並んでいて、その厚みのせいで車イスではテーブルの下に入ることができないのです。でもこの問題もスタッフが片付けちゃう。車イスのお客さまが現れると、スタッフがすかさずテーブルの脚四本に手作りの下駄を履かせて、ちゃちゃっと車イスで利用できる高さに変えてしまうんです。

こういったスタッフのちょっとした工夫によるバリアフリーは、スロープを付ける敷地がなかったり、エレベーターを付ける余地がなかったりといった歴史的建物の多い日本の観光地では、非常に大切なことだと思います。

そしてお客さまの方にも、このような人的な手助けの方が満足度が高いという結果が生まれます。なぜなら、このような工夫や手助けは、いわゆる「介助」や「サポート」ではなく、お客さまへの普通のおもてなしであり、気遣いの一つだからです。

だから、これだけはもうはっきりと言えます。バリアフリー観光地で成功するためには、ユニバーサルデザインも介助（サポート）システムも必須ではない！　と。必須なのは、障がい者や高齢者にお越しいただきたいという気持ちだけなんです。

【伊勢神宮の場合】

レストランの入口に段差があったら、スタッフがちょっとお手伝いして車イスを中に入れる。車イスが船に乗船するなら、船員が車イスごと運び入れる。そのような手助けは、ミキモト真珠島の工夫と同じで、お客さまへの特別ではない普通のおもてなしの一つです。伊勢志摩ではたいていの場所で、そのようなことが当たり前に行われるようになっています。

ただ、そんなちょっとした工夫や手助けでは対処できない、でもだれもが訪れたいという観光スポットもあります。伊勢志摩では伊勢神宮がそうです。

繰り返しになるけれど、神宮というのは、神様の世界を俗世から隔絶した、そもそもバリアが必要な場所。さらに神宮の側からすれば、観光スポットでさえなく、神様をお祀りする神聖な場所なのだから、ここでユニバーサルデザインがどうのこうのなんて言っても無意味なんですね。

とは言っても、神宮への参拝を目的にした観光客は、日本の高齢化に歩調を合わせて年々高齢化してきています。そこで、伊勢志摩バリアフリーツアーセンターの事務局スタッフたちから、身体の不自由な参拝者、とりわけ車イスの参拝者を介助する活動をしたいとの企画が上がりました。

試しにやってみたところ大好評。今までは苦労して玉砂利を歩み、それでも最後の石段の下から遙拝するしかなかったのが、正殿の前まで行ってお参りできたんですから、みなさん涙を流して喜ばれました。

とにかく、需要は多いし、その満足度はすごく大きいということが分かったのです。でも、伊勢志摩バリアフリーツアーセンターがこの事業を本格的に始めたら、本来の目的である「相談センター」としての機能がまったくできなくなってしまいます。

そこで作戦として取ったのが、この参拝サポートをイベント的に行うことで、サポートメンバーを増やし、いつか地元で参拝サポート組織を誕生させるという方法でした。自らを神様に仕える『神領民』と名乗り、神様の地で商売を繁盛させている人たちが住む伊勢市ですから、かならずいつかできるはずだと期待を持っていました。

日本の観光の始まりとされる伊勢神宮への旅「おかげ参り」には、旅人に宿や食事を施すことで徳を積む『施行＝せぎょう』という行為があります。それで、参拝サポートが施行の現代版だと思ってくれる人たちが現れたらいいなと思っていたんです。

そして、初めて参拝サポートのイベントをした二〇〇五年から六年経った二〇一一年、ついに『車イスde伊勢神宮参拝プロジェクト』というボランティア団体が結成されました。その後はイベント的な参拝サポート事業は、この団体の精力的な活動にとってかわっています。ただ、この活動は、純粋にボランタリーな気持ちを持ったみなさんによる活動なので、無償のイベント的なサービスです。

本当は毎日できる体制があるといいのだけど、実際にやってみるとその需要の多さと、サポートがまたけっこうな重労働だってことが判明してしまいました。ボクも一度だけ、張り切って一日に三回やったことがあるのだけど、次の日には全身がひどい筋肉痛でした（笑）。

もし年中恒常的に提供しようとしたら、サポートメンバーはたくさん必要だし、体力のある若いメンバーの登録も欲しい。だから、有償ボランティアのシステムが必要になるというのが結論でした。

そして！　その有償による恒常的なサポート組織も、二〇一五年となった今、ついに生まれようとしてるんです。これには、伊勢市や皇學館大学、商工会議所、観光協会そして伊勢志摩バリアフリーツアーセンターのスタッフが協力し合い実現にこぎ着けてきました。

今まで大々的にＰＲすることなく、こっそりと提供してきた参拝サポートだけど、これでやっと伊勢志摩バリアフリーツアーセンターの紹介メニューとしてＰＲできるようになりそうです。

ここで勘違いしないで欲しいのは、全ての観光地にサポートが必要だと言っているのではないということです。バリアが大切な場所や、自然系アクティビティのような特殊な場所がコアコンピタンス（中心的競争力）となっている観光地ならば、その魅力を最大限活かすための仕掛けを、地元の人たちが開発実現すればいいということなのです。

伊勢神宮においては、ユニバーサルデザインでもなく、福祉的な介助でもなく、その土地の文化である『施行《せぎょう》』の精神によって実現することが、その地の光を観る『観光』の魅力に、さらに繋がるのではないかとボクは思っているんです。

そんなわけで、もう一度強調させて欲しいのだけど。バリアフリー観光に、ユニバーサルデザインも介助（サポート）システムも、あるに越したことはないけど、必須ではありません。

むしろ、観光地の観光スポットや宿泊施設に公共施設と同様のユニバーサルデザインを求めたり、障がい者の旅行には介助が不可欠と決めつけたりといった、観光を産業と考えない主張こそが、観光事業者に誤ったプレッシャーを与え、全国の観光地のバリアフリー化を遅らせて来たという現実があります。

もちろん、交通や歩道、公衆トイレといった公共インフラをユニバーサルデザイン化することは重要です。でもそれは、社会基盤として必要なものと考えるべきものなのです。

また、お客さまの中には、入浴介助など技術と体力が必要な介助があれば旅行に出られるという方もいらっしゃいますが、そういう方々に関しては、伊勢志摩バリアフリーツアーセンターでは地元の介護事業者と提携してヘルパーを派遣してもらえるようにしています。

そしてこれも知っておけばビビらなくてすむのが、うちのセンターで入浴介助などヘルパーの方を手配した数は、昨年度の問い合わせ件数年間七三二件のうち、わずか一四件。つまり二%未満だったんです。

なぜそんなに少ないのかというと、同行者のサポートが期待できなかったり、さまざまな場面において介助が必要というお客さまはたいてい、ユニバーサルツーリズムに対応した特別な旅行会社を利用して旅行に出かけられます。現地までの移動もサポート付きで来られるのだから、観光地側が特別にサポートしなくてはならないということは、ほとんどあり得ないわけです。

そもそも、よく考えてみれば分かるんだけど。観光客というのは、その観光地に来ることが出来る人たちのことです。ベッドからむりやり連れ出してくるわけではない。にも関わらず、バリアフリー観光とかユニバーサルツーリズムと聞いたとたん、福祉の視点で見てしまう。その思い込みも、観光のバリアフリー化を妨げている大きな要因です。

日本一のバリアフリー観光地づくりを実現し、しかもバリアフリー観光を推進している中村理事長から、まさか、「バリアフリー観光に、ユニバーサルデザインも介助も必須ではない」と言われるとは思ってもみませんでした。いや、それどころか彼は、それを強調するのですから。

しかし、まさしく目から鱗が落ちるというのは、ここかもしれません。

中村理事長が大切にしているノーマライゼーション社会の考え方は、今まで私たちが考えていた「弱いから助けてあげるべき」という福祉の考えとは違うということです。分かりやすく言えば、障がい者も高齢者も、同じ人で同じお客さまなのだという考え方なのです。

だから、観光地まではるばるやってくる人のことさえ考えればいいのですし、そのお客さまを増やしたければ、はるばるやってくる価値のある観光地づくりをすればいい。それは福祉ではなく観光産業による社会づくりなのです。

今まで観光事業者は、その最も大切な観光産業の部分を、福祉によってねじ曲げられてしまうと誤解していたのだと思います。あるいは、誤解させるような力が働いていたのだとも言えるでしょう。

中村理事長は、その力のうちの一つが、「ユニバーサルデザイン」の間違った普及だとおっしゃいます。

「パーソナルバリアフリー基準」は、できるかぎり多くの人に使えるという精神において、まさしく観光のユニバーサルデザインを実現化したのです。しかし中村理事長はユニバーサルデザインという言葉を使うことをあまり好みません。それは、日本において進んできたユニバーサルデザインの考え方がいびつで、本来のユニバーサルデザインとはかけ離れているからだと言うのです。

彼は断言します、ユニバーサルデザインとは誰が見ても美しく、満足できなくてはならない。なんでもかんでもスロープを付けエレベーターを付ければいいというものではないのだということを。

日の出旅館の女将麻沙さんのおっしゃった中村理事長に初めて会った時に言われ、そういうことなんだと納得した言葉「すべての人に壁をなくすこと」。この理念に基づいてつくられた「パーソナルバリアフリー基準」こそが、できるかぎり多くの人によろこんでもらえる唯一の方法なのではないでしょうか。

三の二一、誤解だらけの日本式ユニバーサルデザイン

ボクは、わりとよくUD屋さんたちと対立してしまうことがあるんです。でも、ユニバーサルデザインに文句があるわけではなくて、むしろ、多様な人々を区別しないという意味においても、普及させるためのデザインという意味においても、ユニバー

サルデザインは素晴らしい考えだと思っているんですよ。問題は、日本では本来のユニバーサルデザインの精神から外れてることが多いのと、なにかまるで万能薬みたいに使われてることなんです。

日本のユニバーサルデザイン関係者の多くは、ユニバーサルデザインの「だれにでも」を強調して、バリアフリーよりもさらに進んだ考え方だとアピールし続けていますね。

その主張「だれにでも」に飛び乗ったのが、平等の原則を持つ行政だった。だから、日本では公共施設やインフラのユニバーサルデザインが先行して、なんとなく福祉色が強くなっています。まあ、それはそれでお上主導の日本風ユニバーサルデザインとしていいんだと思います。

ただ、一部の研究者を含む多くのコンサルタントたちが……その連中をボクはUD屋と呼んでいるんですけど、自らの仕事を拡大するために、彼らが提唱する「だれにでも」なユニバーサルデザインの正当性を述べるスケープゴートとして、「バリアフリーは古くて狭い考え方」ということを主張し続けてきたんですね。

さらに、「バリアフリーは対象が障がい者だけ」と決めつけたりもする。おいおい、日本じゃだれもそんな風に思っていないんだから、素直に「バリアフリーはバリアを解消すること」と言う意味に取ったらええやん！　と思うのだけど、彼らにとってはバリアフリーをユニバーサルデザインよりダメな比較対象にすることだけが目的だったんですね（笑）。

でも、本当にユニバーサルデザインを学び、本来のユニバーサルデザインを広めようとしている研究者やデザイナーたちは、そんなことは言いません。

正しいユニバーサルデザインを知っている人たちは、「本来のユニバーサルデザインは、バリアフリーの延長線上にあるのではなくて、これからのモノや社会を作るときの考え方」と言います。バリアフリーは古い、バリアフリーは障がい者用語と決めつけるような人は、ユニバーサルデザインの知識が足りないか、実はあえてねじ曲げている人たちです。

そもそも、ユニバーサルデザインを説明する原文では、最初のところに「できるかぎり最大限の全ての人」と書いてあるけど、ＵＤ屋たちの多くは「できるかぎり最大限」の部分を意識して訳さずに、全ての人に対してだから正しいなどと主張することが多いのです。

ユニバーサルデザインが考えられたのは建築設計の現場で、障がいを持つ建築家が自分が住みやすい家を普及させるためには、できるかぎり多くの人が満足する設計をすることが大切であると考えたところから始まっています。

その考えは工業デザインにも受入られ、工業デザインでは、できるかぎり多くの人が使いやすく、さらに美しく機能的と思われるデザインにすることで、使いやすい製品が普及する、つまりよく売れるということを大切にしています。実に経済原理にかなった考え方です。

かつて初めてその解説を読んだ時、なるほど！　モノづくりにおいて、最初から多様な人に使いやすいことを前提に考え、それを特別な福祉用品とかにするのではなく、美しくデザインすることで、世の中に普及させることができるということが大切なんだと、とても共感したものです。

だからボクは今も、ユニバーサルデザインで大切なのは「デザイン」の部分だと認識しています。だからこそ、すでにあるバリアを解消するバリアフリーでも、観光地をできるかぎり全ての人たちに利用してもらえるよう、魅力的にデザインしなくてはならないと考えているんです。

例えば、富士山が世界遺産になったから、「だれにでも」登れるようにエスカレーターを付けようなんて誰が言う？　もし付けたら、富士山の世界遺産登録は間違いなく取り消されますよね。

観光という産業の現場で、公共施設と同じような感覚で「全ての人が」という言葉ばかり優先したり、「バリアフリーは古いからダメ」とか批判していたら、本来のユニバーサルデザインが進まなくなってしまいます。本当のユニバーサルデザインはむしろ、パーソナルバリアフリー基準に生きているんです。

実は、観光庁で使っている「ユニバーサルツーリズム」も、ＵＤ七原則の原則三「使い方が容易にわかること」という条件において、まるでユニバーサルデザインじゃない造語ですね（笑）。でもまあ名称としてはこのまま使っていくとしたら、大切なのはユニバーサルではなくやっぱり「ツーリズム」の部分です。

ユニバーサルツーリズムでは、できるだけ多くの人々が旅行をいかに楽しむことができるかが大切です。産業として成り立たず、多くの人が満足できないことになってしまったら、それこそユニバーサルデザインの基本から外れてしまうということだけは、みんなで理解しなくてはならないと思うのです。

観光庁のユニバーサルツーリズムは現在、できる限り多くの人が楽しめる観光という、正しいユニバーサルデザインの精神に則って推進されています。だから、ユニバーサルデザインへの誤解によって、ユニバーサルツーリズムを恐れることはありません。観光客の対象者を増やす政策だと考えてもらえばいいんです。

第四章　社会は人がつくる

中村理事長の、バリアフリー観光への思いと知識と経験からくるノウハウは、とどまるところを知りません。それらをバリアフリー観光推進の第一人者として、出し惜しみすることなく、大いにお話しいただいてきましたが、あっという間に最終章まで、きてしまいました。

最終章では、「社会づくりは道楽」と位置づける中村理事長を支える伊勢志摩バリアフリーツアーセンターの三人の女性たちの思いや、全国に広がりをみせるバリアフリー観光と各地に誕生したバリアフリー観光地及び相談センター、さらには、バリアフリー観光のあるべき姿などについてもうかがいました。

パーソナルバリアフリー基準は、「特別難しい考え方ではなくだれもが理解できる気づきの思想だ」と語る中村理事長。そうです。みなさん、この章を読めば、「気づき」がいかに重要であるか、おわかりいただけるはずです。

四の一、　社会づくりは道楽

中村理事長の観光地再生のビジョンとパーソナルバリアフリー基準の思想が、伊勢志摩バリアフリーツアーセンターの躍進と、日本一のバリアフリー観光地を維持する原動力になっていることは間違いありません。

しかし、伊勢志摩バリアフリーツアーセンターの設立と同時に、中村さんは地元の鳥羽水族館を辞して、水族館プロデューサーとなり拠点を東京に移しているのです。

実は中村理事長は、伊勢志摩バリアフリーツアーセンターには年間に二〇日程度しか赴かないのです。それでも伊勢志摩バリアフリーツアーセンターが立派に活動を行い、年間七〇〇件以上にも上る問い合わせをさばいているのには、事務局のスタッフの献身的な努力があるからです。

伊勢志摩の集客力を高めるために設立した伊勢志摩バリアフリーツアーセンターだったけれど、ひどく間の悪いことに、ちょうど相談窓口としてのセンターが開設した同時期、ボクはそれまで働いてた鳥羽水族館を辞して、水族館プロデューサーとして東京を拠点とすることになってしまいました。

正直言って、もう伊勢志摩や三重県に集客をする意味もなければ義理もない。しかもこの突然すぎる転進は、あんまり愉快な経緯を辿ったものではなかったから、周囲からは、鳥羽への集客に利することなんか当然止めるだろうと思われていました。

でも、ボクは伊勢志摩バリアフリーツアーセンターから手を引く気はまったくなかったのです。センターを開設して最初の二カ月くらいは、次の仕事がまだしっかり決まらない時だったので、それをいいことに、毎日センターに通った（笑）。それが結局は、現場の仕事をした唯一の時期になりました。その時に発見したパーソナルバリアフリー基準のノウハウはとても多くて、むしろラッキーでした。

そして、いよいよ東京を拠点としてからは、鳥羽にやってくるだけでも自腹です。そんなめちゃくちゃ苦しくて、格好悪くて、みんなから見たら馬鹿げて見えるみたいなことをしてまでも、伊勢志摩バリアフリーツアーセンターを続けてきた理由。それは、楽しかったから。

いや、もちろん、その時に手放しで楽しかったかと言えばそんなことはなくて苦労でしたよ。でも、将来社会を変えることになるような何者かを産んだな……という手応えがあったんです。なのに作った張本人が逃げ出したら、せっかくできた子を誰も育てられない。しかもその子というのは、伊勢志摩バリアフリーツアーセンターだけじゃなくて、スタッフや専門員も含めて、できちゃった子なわけです。その責任を取って育てることに、すごい楽しさを感じるだろうという予感があったんです。

実のところボクは、若い頃からずっと「まちづくり」というやつが道楽的に好きだったんです。政治家や行政でなくても、自分たちの住むまちは自分たちでつくろうや！　なんてデモクラシーなことを言って、ＮＰＯによる社会づくりとかをマジでやっては楽しんでいた。

『補完性の原則』という言葉があります。なんでもお上（国）のせいにするんではなく、自分たちでできることは自分たちでする。コミュニティでできることはコミュニティでする。地方で出来ることは地方でする。それでもできないことだけが国のすべきこと。ボクのまちづくり道楽を突き動かしているのは、その補完性の原則です。

そんなボクがたどり着いたのがバリアフリー観光です。伊勢志摩バリアフリーツアーセンターを立ち上げるときに考えていたことを成功させることができたら、観光再生の新たな道を切り開くのと同時に、障がい者や高齢者が胸を張って社会参画できるノーマライゼーション社会も実現できる。きっとそれはいつか全国に普及できる社会づくりに広がるだろう。やった〜補完性の原則の鏡やん！　と……。そんな妄想をしていて、その妄想だけでももう十分に楽しいというのが、ボクの性なんですね。

構想当時から一四年たった今、本当に全国飛び回って、バリアフリー観光地づくりのアドバイスして周り、お客さんも増えているんだから、すでに妄想ではなくなってきています。正直言って、忙しすぎて悪夢みたいな状況なんだけど、やっぱり思っていたとおり楽しい。

ＮＰＯの仲間には、同じようなことをやって、それをちゃんとした仕事にしてる人たちもいて、それはすごく立派ですごい能力だなあと感心するのだけど、ボクにとっては、こういう社会づくり運動はもう完全に「道楽」なんです。それは、ゴルフに夢中になってる紳士と変わらない。アマチュアゴルファーがシングル目指して、クラブ優勝目指して、時間もお金も使って練習にでかける、それとなんの違いもない。

社会づくりにおいては、政治家とか行政マンとかがプロフェッショナルなわけだけど、アマチュアのボクにも、頑張ればプロ並みの結果が残せるのではないかってね。だからいつも次に達成する目標だけは持つようにしています。

目下の目標は、パーソナルバリアフリー基準をさらに有効なものに育てて、それを全国の観光地に拡げ、大手旅行会社と提携するシステムを構築すること。新しい観光システムの幕開けです。

そして、バリアフリーインバウンド。つまり海外からの障がい者の日本観光にも、パーソナルバリアフリー基準を使えるようにすること。二〇二〇年には東京オリンピック・パラリンピックがあるから、それまでに完成させなくちゃあかん！　などと気合い入れてます。

でも、そういう次のステップに進むためにこそ、ボクにとっては最初につくった子ども、伊勢志摩バリアフリーツアーセンターの成長がますます不可欠なんです。

四の二、　伊勢志摩バリアフリーツアーセンターを支えるスタッフたち

　ボクは道楽でこの活動をしているくらいですから、理事長としての活動も道楽でできる範囲だけで、実際のところの役割は、伊勢志摩バリアフリーツアーセンターの方向性を決めて、次のステップをつくり、事務局スタッフの給料と活動費を確保することくらい。

　具体的には、そう、伊勢志摩バリアフリーツアーセンターの性格づけを更新し続けることと、行政から受託事業を取ってくるための起案とか折衝ですね。それと、バリアフリー観光を拡大強化するための講演は、日々成長させているパーソナルバリアフリー基準の思想を伝道することなのでボクにしかできない仕事です。

　でも、相談センターとしての現場の仕事については、一〇〇％事務局スタッフに任せて、報告を受けて必要な決済をするだけです。そのことについての不安はまったくありません。ボクにとってはそれで十分に安心で満足で、しかも楽しいことです。

実はその「楽しい」というのがNPO組織の運営にとっても大切なところだと思うんです。うちの事務局スタッフたちも、必ずや楽しく仕事をしているはずだという自信があります。

伊勢志摩バリアフリーツアーセンター事務局には、三人の常勤スタッフ（二〇一五年三月現在）と、二～三名程度の期間雇用スタッフ、それに時々手伝ってくれるアルバイトさんがいるのだけど、とにかく三人の常勤スタッフによって伊勢志摩バリアフリーツアーセンターが支えられています。

●事務局長：野口あゆみ

事務局トップは事務局長の野口あゆみ。伊勢志摩バリアフリーツアーセンターの設立当時からのボクの右腕、というよりも現場の大黒柱で、野口がいなかったら、伊勢志摩バリアフリーツアーセンターを軌道に乗せることは困難だったと言っていい。

彼女こそが、先に話した「おでかけチェアウォーカー」の冊子を作った張本人で、結婚相手はその当時カレシとして付き合っていた車イスユーザー。その彼は、伊勢志摩バリアフリーツアーセンターの副理事長であり専門員でもある。そんなわけで、野口は事務局長にぴったりの配役なんです。

ボクの計画した伊勢志摩バリアフリーツアーセンターのシステムは、ウィスラーのバリアフリー観光の地域エージェントを参考にしている。でも、その計画をウィスラーを真似て具体化するには、センターに常勤で勤められる障がい者が必要でした。

当初は事務局長として一人の車イス男性を雇ったのだけど、彼は観光に関してはまったく知識がなかったし、接客も不得意だった。それで、そのサポート要員として、車イスのカレシと付き合っていて、車イスユーザーのための冊子を作った実績のある野口あゆみに目を付けてリクルートしたのです。

結局、最終的には、あまりに活き活きと楽しそうに働いてくれる彼女を見て、野口を事務局の中心にするのがいいと決めました。元はタウン誌のライターをしていた彼女は、観光のことにもそこそこ詳しかったし、タウン誌の取材とセンターの調査は似ているから、その折衝なども水を得た魚のようにこなしてましたからね。途中で立場を入れ替えることに、初代事務局長からも文句はなかった。

さらにボクは、伊勢志摩バリアフリーツアーセンターを全国的にPRするために、彼女と副理事長を思いきり利用しました（笑）。二人のなりそめから、「おでかけチェアウォーカー」の出版、そしてバリアフリーツアーセンターの設立を、繋がりのある彼女中心のストーリーにでっち上げた台本を書いてテレビ局に持ち込んだのです。その台本はフジテレビの「奇跡体験アンビリーバボー」で再現ドラマ化されてね、この反響は大きかったなあ。彼女は一躍時の人に祭り上げられ、センターは一気に全国に知られることになりました。

その後も『恋に導かれた観光再生』という、いかにも彼女が主人公っぽい題名の本を書いて出版するとか、水族館でラッコを売り出した時みたいに彼女をスター化して、伊勢志摩バリアフリーツアーセンターの売名をしまくりました。この作戦はうまくいって、彼女を事務局長にしたおかげで、設立後二年も経ったころには、伊勢志摩バリアフリーツアーセンターは全国的にかなり有名な存在になっていました。

日本初のバリアフリー観光の相談センターの存在を、なんとか一気に周知させせなくてはと企んでいたボクにとっては、野口は本当に得難いスタッフだった。当時は彼女もまだ若かったし、神様が天使を遣わせてくれたくらいに思ってました（笑）。

正直なところ、「おでかけチェアウォーカー」を作っていた頃の彼女は、ちょっとチンプンなところのある危なっかしい感じだったんですけどね。伊勢志摩バリアフリーツアーセンターの事務局長に納まってからの彼女は、設立したばかりのセンターと一緒にぐんぐん育ってくれたんです。

野口は、直感的情緒的に行動する、良いことをするのが好き、そして目立つのも好きなタイプなので、わりとよく暴走します（笑）。放っておくと、バリアフリー観光の本質とは外れた分野に向かおうとしたり、事業費つまり彼女たちの給料になるお金ですが、それがどこからも発生しない事業をしようとしたりするので、その暴走をストップさせて、伊勢志摩バリアフリーツアーセンターが継続できる道へと修正するのが、けっこう骨が折れるけれど、それもまた楽しいボクの仕事です。

そういう時は、かなりきつく叱ったりするんですけど、彼女の場合はまあ大丈夫です。打たれ強いし、何よりも、バリアフリー観光の仕事を続けているのが彼女の生き甲斐だから。いろんなへこたれることがあっても悩んでも、それがバリアフリー観光のことである限り、彼女は楽しいはずなのです。その点ではボクの「道楽」とまったく同じ理屈だから、手放しで信頼できる事務局長です。

●鬼コーチ：中村千枝

野口の次に長く関わってくれているのが、中村千枝という女性です。事務局長より年上ながら、事務局長を立てる。でも野口が暴走しそうになると、ボクよりも先に止めてくれる。番頭さんみたいなスタッフです。

彼女は静岡県の浜松から鳥羽に嫁いで来た人で、伊勢志摩バリアフリーツアーセンターの活動にボランティアで参加してくれているうちに、野口が気に入って、事務局スタッフにお願いしたところ、主婦業だけしてるよりも楽しそうだからとスタッフになってくれました。スタッフは基本的に野口が探してきます。

まちづくりには、若者、よそ者、バカ者が必要、とはよく言われるフレーズだけど、鳥羽に嫁いで来た彼女は、三人の中で唯一のよそ者として特別な役割を果たしてくれています。

よそ者の大切さは、地元だけで通用する田舎社会の常識ではなく、一般的な常識を心得ていることなんですが、その社会常識のレベルが彼女の場合とても高いんです。しかも聡明かつ大人の女性だから、鳥羽の常識もしっかりわきまえているところが本当にありがたい。ボクも鳥羽ではよそ者だったけれど、最後まで鳥羽の常識には従えないお子さまだっただけに、なおのことありがたいわけです。

中村千枝は、理論的に話をするのが得意なので、専門員の研修講師として最高です。彼女のその能力をなんとなく感じて、専門員研修の講師をやってくれと命じたときには、かなり抵抗しながら渋々と応じてくれたのだけど、渋々やったのはその一回だけでね、その後はテキストも自分で更新し、活き活きと講師を務めてくれています。

近頃では、日本バリアフリー観光推進機構からの派遣講師としても、全国各地の新設バリアフリー観光地に、事務局実務と専門員研修の講師として出張してもらっています。真面目で言うべきことをズバズバ言う人なので、全国で「鬼コーチ」の名を轟かせている（笑）。彼女はことのほか温泉が好きなので、コーチと温泉の両方を楽しんでいるようです。

ところで、常識があるのと、鬼コーチの能力は、ときおりボクに対しても発揮されていて、事務局スタッフの中で、ボクに苦言や注意をするのは中村千枝だけです。はい、そういう意味でもたいへんありがたいスタッフです（笑）。

●建築士：中山めぐみ

三人の中で最も若いのが中山めぐみ。唯一の独身スタッフです。中山も最初はボランティアやアルバイトで手伝ってくれていたのだけど、彼女を正規雇用することに決めたのは、くだんの「伊勢市バリアフリー観光向上事業」を受託することが決まったときです。

実は中山は、二級建築士の資格を持ってたんです。伊勢市の事業では、伊勢志摩バリアフリーツアーセンターが責任を持って、宿泊事業者や工事業者と話をしなくてはなりません。その時にちゃんとした資格を持ち、建築に関しての知識があるスタッフがいたらとてもありがたいと考えたのです。

それと、それまでにもいくつもの旅館で、バリアフリー化工事のアドバイスを行ってきたけれど、言葉でアドバイスをするだけでは、なかなかまとまったアドバイス料をもらうことができないわけです。それが、建築士の資格のある者の図面を一枚付けるだけで、それなりのフィーを請求できるという考えもありました。

伊勢志摩バリアフリーツアーセンターの活動資金の多くは、そのようなバリアフリー化のアドバイスや、バリアフリー観光推進のための事業受託で稼いでいるので、建築士の特殊技能を持つ彼女はとても得難い人材なのです。中山がそういう時期に、バリアフリーツアーセンターに出入りしてくれるようになったことは、ラッキーという他ありませんでした。

もちろん、彼女は、建築士としてスタッフになったのではなく、あくまでも事務局スタッフが楽しい仕事だと思ってるから来てくれています。改修のアドバイスは彼女の「楽しい」の特別ボーナスみたいなものになっていると思います。

ところで今、こんな風に、事務局スタッフのことなんでも知っているっぽく紹介したけど、実はボク、彼女たちが日々どんな風に仕事を分担してるのか、どんな風に物事を決定してるのかも知らないのです。休みの日さえ把握してない。現場任せというよりも、現場任せっきりです（笑）。

そして、事務局員として雇用しているとか偉そうに言っているけど、実は雇ってると言えるほど立派な給料を払ってるわけではないんです。特に、野口事務局長と中村千枝の場合は、旦那の扶養家族から外れないギリギリのわずかな給料で納得してもらっている。

一般の半額くらいの給料にも関わらず、フル出勤に出張や休日出勤もあるという伊勢志摩バリアフリーツアーセンターの事務局、それだけ聞くと完全にブラック企業ですね（笑）。

そこのところをちょっと言い訳させてもらうと、彼女たちは、半分が事務局員としての雇用で、半分はやりたいからやってるボランティア。つまり、NPOにおける事務局員であり、NPOのアクティブ会員であるということなのです。

ということは、野口事務局長と中村千枝は、ボクが道楽で伊勢志摩バリアフリーツアーセンターに使ってる時間よりはるかに多くの時間を、彼女たちのボランティアに使っているということになりますね。道楽度では彼女たちの方が上手なのかもしれません。

ボクは自分の理想とする社会を自分たちの手で実現することが楽しくて道楽にしているわけですが、そんなおっさんの道楽に、優秀な彼女たちが仲間として付き合ってくれているというだけで、もうすごく幸せ。だからまちづくりもＮＰＯも止められないんです。

なるほど、現場を仕切る三人の優秀な女性。それぞれが自らの能力を存分に発揮し、少ない？　賃金に見合わない大きな仕事を成し遂げているということなのでしょうか。だれから見ても、みなさんそれぞれ、美しく溌剌と輝いて見えます。

伊勢志摩バリアフリーツアーセンターは、この人たちあっての組織なのです。

しかし一方、なおのこと中村理事長の存在はますます大きく感じるのです。全国各地のバリアフリーツアーセンターも、同じパーソナルバリアフリー基準で運営され、それぞれに彼女たちに劣らない事務局員がいるといいます。それでも、伊勢志摩バリアフリーツアーセンターは常に先頭を走る牽引車となっているのです。それは、彼の思想と計画、そして事務局三人衆の知力と情熱が、驚くほどうまくかみ合っているからに他なりません。

中村理事長の言った「NPOは楽しいことが大切」の言葉は、まるでいいかげんな遊び人の言葉のようですが、実は神髄を突いた言葉なのではないでしょうか。このバリアフリー観光に対する自身の情熱を「道楽」とおっしゃいます。ゴルフや盆栽に、時間とお金を惜しげもなく注ぎ込んで楽しんでいる人と同じなのだそうです。

なるほど言い得て妙だと思うのですが、もし道楽というのであれば、安い賃金でめいっぱい、しかし楽しく働いている事務局の三人衆もやはり道楽なのだと思います。そして、全員が道楽でシングルプレイヤーになったゴルファーのようなものなのではないでしょうか。

社会を変えると公言して本当に変えてしまった中村理事長は、プロを打ち負かしてしまったアマチュアゴルファー級なのかもしれない。

わたしも、今、「NPO法人ふるさとオンリーワンのまち」の理事長をやらせていただいております。ふるさとの観光資源をブランド化する”オンリーワンのまちという認定事業が中心なのですが、わがまちのあまり知られていない独自の風土や文化、産物、おもてなしなどを再発見することで発掘しオンリーワンのまちとして認定するものなのですが素晴らしい仲間と一緒に、ふるさとのまちを全国に広め、ブランド化することによって地域を活性化し日本を元気にしていきたいと考えています。中村理事長のように「道楽」と断言できるかどうかはべつにして、活動していてすごく楽しいのは確かです。かかわった方々や市町村によろこんでもらえるのを見ているのが一番の喜びです。

四の三、　全国に広がるバリアフリー観光（日本バリアフリー観光推進機構）

本書の構想を立て、中村理事長に相談をした二〇一四年の暮れ、彼は本業の水族館や伊勢志摩バリアフリーツアーセンターのことよりも、観光庁のアドバイザーとして、各地の観光地にバリアフリー観光を根付かせ、相談センターつまり新たなバリアフリーツアーセンターを立ち上げるために、全国を飛び回っていました。

伊勢志摩バリアフリーツアーセンターの成功に納まることなく、中村理事長は、日本バリアフリー観光推進機構の理事長として、全国にパーソナルバリアフリー基準による観光地づくりを拡げる活動をしているのです。

元々は、「パイの奪い合いでお客さんを増やすよりも、新しいパイを作って独り占めした方がいい」という発想だったはずなのですが、なぜパイを取り合うライバルを増やしているのでしょうか？

うん、それ、地元でも言われるし、口さがない人たちは「あいつはもう三重県人やないからや」とか言うんですけど、いえいえそういうことではありません（笑）。ほら、最初にバリアフリーマーケットの可能性と巨大さを、実際の数字を使って説明したましたよね。身体障がい者が人口の三%、後期高齢者が人口の一二%、合わせて一五%。

それを考えると、伊勢志摩バリアフリーツアーセンターへの問い合わせ数年間七〇〇件は、まだまだひどく少ない数字じゃないですか。バリアフリーマーケットは今の一〇倍以上の埋蔵量があるはずなんです。今の一〇倍を達成して、やっと本当に新たな観光のパイを作ったと言える。

その新たなパイを焼き上げるには、とうてい伊勢志摩の小さなオープンだけでは無理だと気付いたんです。乙武さん効果に頼っているばかりでもだめで、できるだけ多くの仲間の手で自らバリアフリー観光のマーケットを掘り起こしていくことが大切だと分かったんです。

そのために、観光庁のユニバーサルツーリズムの事業にもアドバイザーとして関わって、バリアフリー観光地拡大に頑張っているわけです。ゆくゆくは全国四七都道府県の全てに、パーソナルバリアフリー基準によるバリアフリー観光の相談センターがあるのが理想なんですけどね、とりあえず半分を超える二五都道府県までが勝負だと思っています。

理解して活動する地域が半分を超えるというのはすごく大きなことだと思うんです。

そこまで行けばきっと、バリアフリーマーケットは急速に開花するだろうし、パーソナルバリアフリー基準の考え方も、ボクが一生懸命説明しなくても、当然のこととして分かってくるようになるはずです。

そして、ボクたちのような市井の民が社会を変えようとする場合、行政や大企業のような全国一斉なんてことはできないんだから、進んでいる地域と遅れている地域の格差をはっきりさせることが、戦略的にも重要だと思っているんです。進んでいる地域はその限られた中でなら一位を目指せそうに思えて頑張るし、遅れている地域はとにかく焦るという、自由競争を促すことができる数、それがたぶん半分くらいではないかなあ……と。

今、日本バリアフリー観光推進機構の仲間うちでは、それぞれがライバルです。相談の取り扱い数では、伊勢志摩バリアフリーツアーセンターよりも沖縄の方が多かったりもします。でも、そういうライバルがいるからこそ、三重県や伊勢市、鳥羽市といった行政が、日本一のバリアフリー観光地として他地域に遅れを取らないための取り組みをしてくれるのです。

日本バリアフリー観光推進機構は、パーソナルバリアフリー基準を共有することで、新たな観光基盤を作っている組織という大きな存在理由がある一方で、お互いにライバルとして競い合い、同時にそれぞれの先進的な取り組みを教えあう、バリアフリー観光の業界組織でもあるわけです。

実は、このような考え方をボクができるようになったのも、バリアフリー観光の仲間からの提案によるものでした。ホントは最初の頃は、各地のバリアフリーツアーセンターの立ち上げや勉強会を、伊勢志摩バリアフリーツアーセンターの活動資金を得るための収益事業ととらえて、しょうがなくやっていたんです（笑）。

ところが、松江／山陰バリアフリーツアーセンターを立ち上げたNPOプロジェクトゆうあいから、総務省の交付金事業にICTによるネットワーク事業があるから、ICTを使って全国のバリアフリー観光を統一しないかと、いう提案を持ちかけられましてね。

今だから言うけど、正直なところボクの腰はかなり引けてました（笑）。こっちはそもそも道楽でやってることで、そんな全国組織つくってしまったら、本業への差し障りもハンパやないぞってわかりきってましたからね。

でも一方で、「ついに来たか、この時が」とも思ってました。オレの道楽人生、ここが正念場やな……と（笑）。

せっかく開発した「パーソナルバリアフリー基準」でしたからね、今一度、完全にマニュアル化した基準として全国で共有したら、ユーザーであるお客さんにとって、標準的な使い方と安心が保障され普及しやすくなるのは当然です。しかもＩＣＴ化することで汎用性はぐんと広まり、特にパーソナルバリアフリー基準のアイテム「旅のカルテ」のＩＣＴ化は必要に迫られていることでもありました。

そして何よりも、当初に考えていたほどの勢いでは掘り起こすことができなかったバリアフリー観光のマーケットを、みんなで一緒になって掘り起こすことによるパワーに気付いたんです。

結局、プロジェクトゆうあいから追い詰められたような形で、そのＩＣＴネットワーク事業の申請に取りかかり、日本バリアフリー観光推進機構設立への深みに、ズブズブと進み始めたというわけです。プロジェクトゆうあいからの呼びかけがなかったら、日本バリアフリー観光推進機構もなかったし、今のボクもなかったかもしれません。今考えてみれば、不安を感じながらも、彼らからの提案に乗って本当によかったと感謝しています。

四の四、　各地のさまざまな相談センターの誕生の仕方

二〇一五年四月現在、日本バリアフリー観光推進機構に所属する団体は、全部で一八団体、そのうち地域のバリアフリー観光相談センターとして活動しているのは一五カ所（団体）です。さらに、まだ加盟はしていないながら、パーソナルバリアフリー基準を取り入れて準備をしている地域が三カ所あります。

それらの地域をまとめると次のようになります。

●既存のバリアフリー観光地と相談センター（北から）

地域（テリトリー）	相談センター名
旭川市周辺と北海道	カムイ大雪バリアフリーツアーセンター
仙台市周辺と宮城県	仙台バリアフリーツアーセンター
福島県	ふくしまバリアフリーツアーセンター
東京都と関東	東京バリアフリーツアーセンター
	高齢者・障がい者の旅をサポートする会
石川県	石川バリアフリーツアーセンター
伊豆	伊豆バリアフリーツアーセンター
伊勢志摩と三重県	伊勢志摩バリアフリーツアーセンター
鳥取県	トラベルフレンズとっとり
島根県	松江／山陰バリアフリーツアーセンター（プロジェクトゆうあい）
呉市	呉バリアフリーツアーセンター（呉サポートセンターくれシェンド）

新居浜市　四国バリアフリーツアーセンター
福岡県　バリアフリーネットワーク九州会議
佐賀県　佐賀嬉野バリアフリーツアーセンター
鹿児島県　かごしまバリアフリー相談センター（eワーカーズ鹿児島）
沖縄県　沖縄バリアフリーツアーセンター（バリアフリーネットワーク会議）

●現在準備中
広島市・廿日市市　広島バリアフリーツアーセンター
大分県　別府大分バリアフリー観光センター（自立支援センターおおいた）

さらに、秋田県、愛知県に準備のための会議体ができ、パーソナルバリアフリー基準を学んでいます。

中村理事長によれば、これらの相談センターの成り立ちは、それぞれ違うのだそうです。伊勢志摩バリアフリーツアーセンターのように、観光活性を目的としながらも一般市民が主体となって立ち上げた例は、むしろ少数派なのです。

これからバリアフリー観光に取り組もうとしている地域のみなさんのために、特徴的な相談センターを例に解説していただきました。

その説明をする前に、まず一点、みなさんに分かっておいてもらいたいことがあります。それは、今までバリアフリー観光が育ってきた観光地のどれ一つとして、「行政主導型」というのは一つもないということです。

この一三年間、伊勢志摩バリアフリーツアーセンターに視察に来ている都道府県や市行政は数えきれず、ある県など、複数回の視察と事務局長を講演に呼ぶということまでしてる。でも、その熱心な県をはじめ、行政主導でバリアフリー観光地ができたことなど一カ所もないのです。

この事実は、バリアフリー観光地として名乗るには、バリアフリー観光の相談センターが必須で、その相談センターは、本当に必要としている人たちがいないことには誕生しないということを示しています。バリアフリーツアーセンターこそが、補完性の原則でしか生まれないという、すごい真実がここにあるんです。

ということは逆に、バリアフリー観光に取り組みたい行政や首長は、今までの実例のいずれかに該当しそうな人や団体を見つけて、その人なり組織なりを支援することで実現に至るということでもあると思うのですね。

●観光事業者主導型

本当に必要としている人たちが立ち上げたという点では、最も分かりやすいタイプで、佐賀嬉野バリアフリーツアーセンター、ふくしまバリアフリーツアーセンター、そして準備中の秋田の準備会が該当します。

佐賀嬉野、ふくしま、秋田は、いずれも温泉組合や旅館組合など、宿泊施設のオーナーたちが中心人物だというのが特徴的です。伊勢志摩も、構想当時はボクが観光事業者だったという点では同類ですが、運営に関して観光関連の組織とは一線を引いてきました。逆に佐賀嬉野とふくしまは運営においても、温泉組合や旅館組合などがバックについているシンプルな形です。

これらの地域の例は、団体旅行頼りで転換を忘れていた個人客への対応、見失っていた高齢者マーケットなどを、バリアフリー観光によって取り戻すことを目的に取り組んだ例です。佐賀嬉野の小原会長が言っていた、今後のノーマライゼーション社会におけるリスクヘッジの意味もあるでしょう。

つまり観光事業者主導型は、受益者による集客増客のための観光戦略なので、普通に考えれば最もあり得る形だし、活動費の捻出も楽だろうと思われます。ところがそれにも関わらず、現状では二カ所しかないのはなぜでしょう？　あるいは、観光連盟や観光協会主導による相談センターがまだないのはなぜでしょう？

それは、現状では全国各地の観光事業者のほとんどが、バリアフリー観光に対して完全に腰が引けているからということに他なりません。佐賀嬉野とふくしまには、強力なリーダーシップを持った人物がいて、バリアフリーマーケットの可能性やパーソナルバリアフリー基準についてのセミナーを、それぞれの主要な観光施設や行政に聴かせるということをやり遂げています。

そういうリーダーがいるかいないかによって、観光事業者主導型によるバリアフリー観光が始まるか否かが決まる。推進人物の観光業界でのリーダーシップが試されるのが、この観光事業者主導型であり、それ故に、非常にシンプルで分かりやすいのに、そのケースが少ないという結果になっているのです。

でも今後、バリアフリー観光による集客増が注目を浴び、観光事業者のみなさんが必要性に気付くようになれば、必然的に増えてくるタイプだと思います。

●当事者および福祉事業者主導型

地域の障がい者たち、あるいは障がい者のための介助事業者などが中心になって、バリアフリー観光の相談センターを立ち上げる例で、カムイ大雪、仙台、東京、松江山陰、呉、鹿児島、沖縄、そして大分と、最も多いのがこのタイプです。

先に挙げた観光事業者主導型が、観光のサプライヤー起点（供給者起点）であると考えると、こちらは、その対にあるカスタマーズ起点（利用者起点）によって生まれたバリアフリーツアーセンターと言ったところでしょう。

ただし、他地域からの障がい者を受け入れるためのツアーセンターなので、利用者起点と言っても自分たちが利用者になるわけではありません。どちらかと言えば、自分たちの住みよいまちづくりを推進するため、ノーマライゼーション社会を地元に根付かせる象徴として、バリアフリー観光に取り組むという側面があります。伊勢市のスズケン市長が人にやさしいまちづくりを観光政策とともに進めているのと同様です。

これらの中でも、沖縄、松江山陰、鹿児島、大分は、福祉事業や介助事業など障がい者に関する様々な事業を行っている団体で、福祉やバリアフリーの総合事業主として観光にも取り組んでいるという事業形態です。このように複合的な取り組みを行うという方法は、目的のために組織や事業を継続するという意味で、これからのNPO活動においてとても大切な経営スキルだと言えます。

当事者や福祉事業者主導型の場合、中心になっているのが当事者なので、パーソナルバリアフリー基準に関しての理解は、非常に早いのが特徴です。逆に、観光事業に関する知識や経験はほとんどないので、ボクのアドバイスも観光事業に関わることになります。

日本バリアフリー観光推進機構に所属する仲間は全てバリアフリー観光地として成功したケースですが、他の当事者や福祉事業者が主導して始まったバリアフリー観光においては、ほぼ全てのケースにおいて介助だけをサービスする事業所となって、いわゆるバリアフリー観光の相談拠点には成長していません。それは、観光事業の本質やパーソナルバリアフリー基準を知らずに相談センターを立ち上げたためです。

つまり、バリアフリー観光地づくりを目指す場合は、観光関係者といかにコラボレーションできるかとともに、パーソナルバリアフリー基準を習得できていることが、成功の鍵と言えます。

●市民活動主導型（まちづくり型）

伊勢志摩はボク自身がまちづくり型なので、このタイプになります。他には、中心メンバーに観光事業者も障がい者もいない石川が同じ市民活動主導型タイプ。それと、松江／山陰も、視覚障がい者が中心だけど、プロジェクトゆうあいというまちづくりのＮＰＯが運営しているバリアフリーツアーセンターなので、当事者および福祉事業者主導型でありかつ市民活動主導のまちづくり型だと言えるでしょう。四国も産業振興を目指してるのでまちづくり型に含まれます。

市民活動主導型でバリアフリーツアーセンターを開設運営するには、リーダーがその地域や社会に対する具体的な理想を持つことと、賛同する主要メンバーが揃っていることが必須で、ほとんど人材ありきの成り立ちです。その内容については、伊勢志摩の例を長々と話したのでここでは割愛します。

●企業活動主導型

今までは、以上の、観光事業者主導型、当事者および福祉事業者主導型、市民活動主導型という大きな三タイプになると思っていたのですが、最近バリアフリーツアーセンターを立ち上げたばかりの広島バリアフリーツアーセンターが、新しいタイプとして現れました。

観光事業も含むさまざまな事業を行っている企業体が、企業活動の一環としてバリアフリーツアーセンターを立ち上げたのです。バリアフリー観光推進の活動を企業として行うことにメリットを見いだしたということです。

このタイプが現れたことを、とても心強く思っています。ボクは今まで、バリアフリー観光推進の活動を、取り組む観光事業者と利用者のメリットにすることはできたという自信はあるのだけど、自分たちについては、ノンプロフィットでしか運営することができなかったからです。

もちろん、広島のケースは、ボクたちがやってきたような単純な仕組みだけではなく、企業としてのプラスマイナスを調整することや、その先にある広がりを企業活動としてうまく取り込むなどの計画によって、メリットのあるプランに仕上げているわけなのだけど、その活動の行く末は、他のＮＰＯタイプのバリアフリーツアーセンターへの新たなワンステップとなるように思えるんです。

とりあえず、こんな風に四つのタイプに強引に分けて説明しましたが、それぞれの複合型とか、さらにもっと違う形での組織もまだまだ考えられるでしょう。どんな形で取り組むのが一番いいということもないし、設立の主体によって利用者が変わるということもありません。

全国標準のシステムが提供者にも利用者にもメリットになっているのだから、大切なのは、パーソナルバリアフリー基準の思想と運用だけです。

今までの経験上一つだけ言えるのは、ボクのバリアフリー観光についての講演を聴いてくれた聴衆に、「地元観光事業者」「地元の当事者と市民」「地元行政」の三つのセクターが全てバランスよく参加していた場合、ほぼ確実にバリアフリーツアーセンターができたと言うことです。

パーソナルバリアフリー基準は、特別難しい考え方なんではなく、だれもが理解できる気付きの思想です。つまりその気になればすぐに実践できる単純な仕組みなんです。ただし、それに取り組むためには、企業・市民・行政の横の繋がりが必要だということなんですね。

中村理事長の講演は人気です。ものすごくたくさんのオファーが日本バリアフリー観光推進機構に入ります。しかし、日本バリアフリー観光推進機構では、中村理事長を講師として派遣する際に、地元の観光事業者・障がい者当事者と市民・担当行政の全ての参加を要請しているのです。

中村理事長が実践主義者であるため、実践に繋がらない講演を嫌がるからです。そこまで徹底されているって、すごいと思いませんか。

中村理事長へのヒアリングと原稿校正は延べ三〇時間にも及びました。細かいことや同じことを何度も聞き直し、さらに原稿の校正もお願いして、何度もやり取りしました。

でも、聞けば聞くほど、中村理事長の口からあふれ出る言葉に、観光というものの本質が現れてくるのが、私にはたまらなく刺激的だったのです。

いいえ、観光の本質だけではない、社会づくり、モノづくり、改革など大きな世界の本質にまで踏み込んで講義を受けている研究生のような三〇時間でした。なるほど、そんなところまで踏み込んで奇跡の集客を実現していたのだというのが、実感です。

この取材は、中村理事長の哲学を学ぶいい機会となりました。私のテーマ、接客による観光再生にも、大きな影響を与えるに違いありません。

すべてを書き上げて、最後に問いました。「中村さんのこの活動を、一言で表す言葉ってありますか？」と。おそらく、そんな一言はないだろうと思いつつ。

ところが以外にも答えが返ってきました。

う〜ん、そうやな「実証」かな。

みんなが知らなくてボクが気付いたことがあると、それをどうしても実証して見せたくなるんや。たぶんドヤ顔で、ほれみい！　って言いたいんやろなあ。子どもやな(笑)。

どんな質問にも、必ず答えをつくって返してくれるのも中村理事長の面白いところです。

そして、その内容が、まるで気張ってないのも面白いのです。まだまだ、中村理事長とバリアフリー観光の未来から目を離すことができなさそうです。どこまで実証するつもりなのか？　気になるじゃないですか。

あとがき

旅の楽しさを一人でも多くの方に伝えたくて、「トラベルキャスター」として「旅を仕事」にしてきました。旅とはたまに行く非日常的なものです。しかし、わたしはそれを日常にしてから、すでに四半世紀を超えています。この間、旅先での感動をマイク片手に、ＮＨＫ総合テレビの旅番組で十九年間、ＮＨＫラジオ第一の旅ガイドのコーナーで二四年間伝え続けてまいりました。その他にもたくさんのテレビやラジオ、講演、執筆などでも旅の楽しさを発信し、日本全国のべ一万カ所以上も旅してきたことになります。

その間、日本各地で数えきれないほどの素晴らしい人に出逢い、めったに見せてもらえないものを見せていただいたり、なかなか訪ねられない場所へも案内していただきました。そこにしかない「風景」。途轍もなくすごいことをいとも簡単に成し遂げる「人」。その地に根付いた郷土が育むゆるぎのない「食・味」に、出会う機会を、人よりたくさん得てきたわけです。

一〇年前からは短大と大学の観光文化学科の学生に「ホスピタリティ論」と「観光教育」の教鞭をとってまいりました。観光にはホスピタリティが最も大切であるということを教えてきました。究極のおもてなしとは、一人ひとりに合わせたサービスを提供することだということ。そしてそれが達成されれば、観光地のお客様は必ず増えるという私の理論を学生や観光アドバイザーを拝命している市町村や、おもてなし講演会やまちづくり講演会で言い続けてまいりました。

それを、バリアフリー観光で見事に実現していたのが日の出旅館であり伊勢志摩バリアフリーツアーセンター理事長の中村元さんです。しかも驚くべきことに奇跡的な集客まで実現してしまったのでした。その成功の法則をみなさんおわかりいただけましたでしょうか。このように素晴らしい奇跡の法則を、どうすれば上手くお伝えできるか試行錯誤の連続でした。書いては消し、消しては書きといった具合いに。

このすごいことが成し遂げられた二人のキーパーソンに取材をさせていただきまし

た。八八歳を過ぎてから新たな生きがいを見出してしまった伊勢市駅前で老舗旅館を営むおばあちゃん（大女将）と、いまや飛ぶ鳥落とす勢いのバリアフリー観光の伝道者ともよばれている中村元さん。このお二人の、いやそして日の出旅館を支えてこられた方々の熱い思いを、感じ取っていただけましたでしょうか。

これからバリアフリーの町づくりを真剣に始めようと考えている人、バアリアフリーの宿に改装したいと思っている人、お客さまのために心をこめて宿で働きたいと思っている人、まちを活性化したいと願っている人、おばあちゃん（大女将）や中村元さんみたいに人生をより楽しく過ごしたい人などに、少しでもお役にたてればうれしい限りです。

旅を生業としていると、もっともっといろいろな場所を訪ねたいと思うし、たくさんの人に出会いたいと思います。旅稼業って、ものすごく楽しいものです。お二人との出会いに感謝！　感謝！　です。

●バリアフリー観光における賞(伊勢志摩バリアフリーツアーセンター)

・2007 年度国土交通省大臣表彰受賞

・2008 年度内閣府特命大臣表彰受賞

●バリアフリー観光関連公職

・観光庁「ユニバーサルツーリズム検討委員会」委員（2012 ～）

・国交省「ユニバーサルデザインの考え方に基づく観光促進事業 検討委員会」委員（2006 ～ 2009）

・総務省地域 ICT 事業「障がい者・高齢者の旅を受け地から支援するネットワーク事業」代表（2010）

・三重県観光連盟事業実行委員長（1997 ～ 2002）

・三重県「伊勢志摩再生プロジェクト」委員（2001 ～ 2005）

・和歌山県知事アドバイザー会議 観光担当アドバイザー（2001 ～ 2004）

・佐賀県嬉野市「ひとにやさしいまちづくり協議会」アドバイザー

津田令子（つだ　れいこ）

東京都生まれ。

社団法人日本観光協会旅番組室長を経てフリーランスに。

トラベルキャスター、旅行ジャーナリストとしてテレビ、ラジオ、雑誌、講演などで活躍中。

国や自治体のアドバイザーや観光大使を務める。

東京成徳大学観光文化学科非常勤講師。

NHK 学園、NHK 文化センター講師。

NPO 法人ふるさとオンリーワンのまち理事長
02 年第 7 回 NHK 地域放送文化賞受賞。

中村　元（なかむら　はじめ）
NPO 法人日本バリアフリー観光推進機構 理事長
NPO 法人伊勢志摩バリアフリーツアーセンター 理事長
（株）中村元事務所 代表取締役

1956 年（昭和 31 年）三重県生まれ、水族館プロデューサーとして、サンシャイン水族館、新江ノ島水族館、北の大地の水族館などのリニューアルを手がけ再生と集客増を成功させた。

各地の観光再生やまちづくりなどに携わり、特に障害者や高齢者をマーケットとした『伊勢志摩バリアフリーツアーセンター』による観光再生は、観光産業・福祉・都市整備を横断的にとらえ、民間の力を引き出し、めざましく集客をあげた日本初のシステムとして各地より注目されている。現在は独自で開発した「パーソナルバリアフリー基準」が全国のバリアフリー観光地の標準となり、日本バリアフリー観光推進機構の代表および観光庁のアドバイザーとして全国のバリアフリー観光地を指導している。

著書に「常識はずれの増客術」「恋が導いた観光再生～奇跡のバリアフリー観光の秘密」「水族館に奇跡が起きる 7 つのヒミツ」他多数

88歳大女将、連日満室への道

集客10倍！ バリアフリー観光はここまで来た

発行日……2015年3月27日　初版第一刷発行

著…………津田令子＋編集部

協力………中村元

発行………株式会社タブレット

〒107-0052　東京都港区赤坂2-10-16 赤坂スクエアビル

発売………三元社

〒107-0052　東京都港区赤坂2-10-16 赤坂スクエアビル

電話 03-5549-1885　ファックス 03-5549-1886

印刷・製本…モリモト印刷（株）

ISBN978-4-88303-374-4